原住民叢書

賽夏族

胡家瑜 著

三民書局

國家圖書館出版品預行編目資料

賽夏族／胡家瑜著.－－初版一刷.－－臺北市：三民，2015
　　面；　　公分.－－(原住民叢書)
　　參考書目：面
　　ISBN 978-957-14-6064-2　(平裝)
　　1.賽夏族 2.民族文化

536.332　　　　　　　　　　　　　　　　104016715

ⓒ　賽　夏　族

主　　　編	黃應貴
編輯委員會	陳文德　黃宣衛　蔣　斌
著 作 人	胡家瑜
責任編輯	吳尚玟
美術設計	黃宥慈
發 行 人	劉振強
著作財產權人	三民書局股份有限公司
發 行 所	三民書局股份有限公司
	地址　臺北市復興北路386號
	電話　(02)25006600
	郵撥帳號　0009998-5
門 市 部	(復北店)臺北市復興北路386號
	(重南店)臺北市重慶南路一段61號
出版日期	初版一刷　2015年9月
編　　　號	S 630440

行政院新聞局登記證局版臺業字第〇二〇〇號

有著作權‧不准侵害

ISBN　978-957-14-6064-2　　(平裝)

http://www.sanmin.com.tw　三民網路書店

總　序

　　三十年前，筆者開始投入臺灣原住民社會文化的研究時，這幾乎是沒有人願意或有興趣的研究領域；三十年後的今天，它似乎又熱得過頭，各種有關的叢書或出版源源不絕地出現，然而內容卻良莠不齊，甚至有不少明顯的錯誤。做為長期從事臺灣原住民社會文化研究的一員，我們深覺有義務回饋於臺灣原住民社會以及臺灣大社會。就專長而言，如何能將學界過去研究的成果，以最容易理解的語言介紹給社會大眾，讓生活在同一島上的人們，對於我們生活周遭隨時接觸到之不同族群的人，都能有所瞭解，以建立對於異文化特點之欣賞與包容的態度，並進一步反思自己社會文化的問題，由此更能以寬廣的視野與胸襟，來思考及勾勒臺灣未來如何成為一個多元文化的現代社會，都將是我們學術研究者所能從事的主要社會實踐工作。為此，我們決定編輯出版這一系列的原住民叢書。

　　在臺灣南島民族本身的研究上，目前國內的研究相較於任何其他國家（包括日本在內），仍屬首屈一指。只是，每一個族群或主題所累積的研究成果不盡相同，而每一位研究人員的生涯規劃也各異其趣。因此，這叢書系列開始是以每一個「族群」為主要單位來介紹，而研究成果不足者（特別是平埔各族群），將暫時從缺，等到有足夠成果及適當之撰書人

選時，再行出版該族群的專書。同樣地，以「主題」為設計的專書，如臺灣原住民的藝術、音樂、建築或舞蹈等等，原則上希望每一單行本均能涵蓋到不同的族群，但現實上，目前還很難做到這要求，我們也僅能依照不同的課題，就其累積的各項成果以及是否有適當的人選，來考量並決定是否邀請學者來撰寫。一旦有足夠而成熟的條件，我們均會主動將其納入這寫作叢書的社會實踐工作中。

　　叢書一開始便以「族群」為單位來介紹，自然會涉及如何界定族群的根本問題。比如，日本殖民政府統治初期，便困惑於卑南族是一個族群還是與排灣、魯凱同屬一個族群？而南庄事件之後才出現的「賽夏族」，與之前歷史上有收養漢人習俗的南庄八社，是否為同一個族群？還是有其連續與斷裂的歷史發展結果？臺灣東北海岸在歷史上頻頻出現的馬賽人，是一個族群？還是同一種生活方式的不同人群？太魯閣族與泰雅族是屬於一個族群？還是兩個不同的族群？而日月潭的邵族與阿里山的鄒族，是同一個族群？還是兩個不同的群體？尤其政府已承認邵族與太魯閣族各為一個獨立族群的情況下，我們又如何看待？鑑於人類學目前主要的觀點趨於視族群為歷史發展的結果，我們在此並不先預設到底有哪些族群存在，而是考量是否有足夠的研究成果及適當的人選，以及臺灣人類學目前的慣例，來做為取捨之依據。同時，也保留了可增加新族群的空間，以供未來增補之可能性。當然，在每一個族群的介紹中，作者也會盡可能交代具有爭議性的議

題。而為了保留及凸顯原住民的觀點，書中均以斜體字拼音來記錄其字彙或觀念，並與英文有所區辨。

最後，這個叢書系列能夠順利出版，自然必須先感謝這叢書的主體——臺灣原住民，是他們在臺灣這歷史舞臺上有過的努力，賦與了這叢書存在的價值與出版的積極意義。也感謝所有參與撰寫本叢書之作者的鼎力相助，他們在繁忙的研究與教學事務之餘，接下了這份額外的工作。而若非有同為研究所同事的編輯委員陳文德、黃宣衛、蔣斌，以及編輯助理王薇綺等的協助，這件事一開始可能即胎死腹中。此外李訓詳教授的穿針引線、三民書局董事長劉振強先生的熱心於社會推廣事業，更是這叢書誕生的臨門一腳。在此，筆者謹代替讀者謝謝上述所有的人。

主編

敬上

2004 年於南港中央研究院民族學研究所

自 序
——流動變化中未曾遺忘過去的民族

　　從我 1995 年第一次進入賽夏部落調查迄今，一轉眼已經將近二十年，這段期間不僅賽夏社會經歷了許多變化，我自己的人生也遭遇許多波動。換言之，賽夏的田野經驗和我的生命記憶幾乎交織纏繞在一起，不但是我開展賽夏社會文化研究的核心基礎，也是我思考、反省個人生命價值，嘗試在變動中為自己定錨的參照。

　　其實，最初開始進行賽夏族的田野調查，是受到外界刻板印象的影響，認為這個不到六千人的小族群，夾在漢人和泰雅人強勢文化，以及當代政經勢力縫隙中生活，大概很快就會瓦解而失去自我的文化認同，需要快點收集資料和保存記錄。但是，真正開始接觸到各姓氏家族的賽夏人之後，才感受到賽夏社會內在獨特的凝聚力和集體意識，不但很早就超越部落的層次而發展出全族性認同，而且族群認同感可能比起許多人數眾多的大族更加強而有力。

　　因為如此，賽夏族共同記憶和集體意識的形塑，一直是我最關心的議題。由於位處過去的「番界」線上，許多外來

的新器物、材料、技術或觀念，透過交換、購買、搶奪和採借等不同管道，快速地進入賽夏人的生活世界。這些新元素藉著行動、身體經驗和記憶的累積，陸續併入文化系統。外界常以「漢化」、「平地化」、「客家化」或「泰雅化」等概念詞彙，凸顯賽夏社會混雜變動的特性。但是，賽夏族對於祭儀和傳統又極端重視，尤其大眾媒體好奇的巴斯達隘祭典（矮靈祭），一直未曾間斷地定期舉行，並且堅持遵守各種奇特的禁忌，因此外界對賽夏族的印象同時也是神秘而保守的。如此說來，賽夏社會是具有既創新又念舊，既流動又穩定，既善於吸納外來元素隨勢調整變遷，但又極強調祖先傳統的矛盾性質。

本書嘗試綜合不同層面資料，檢視賽夏人的生活世界、社會運作，以及其文化傳承的模式。希望可以深入淺出地說明，邊界區域的他者關係和危機意識，社會建構和維繫的關鍵機制，以及疊合併納多重文化元素的特性。拉大時空脈絡框架來看，賽夏文化之所以能夠穩定而動態地接合過去與現在，其中象徵資源（如儀式行動或象徵物）扮演很重要的角色；透過儀式象徵資源的掌握和運用，可以建構和濃縮再現過去情境，藉此中介和轉移外界大環境變化引發的斷裂或失序。這些被賦予特殊價值和意義的記憶元素，使得生活不斷快速變化的賽夏人，能夠跨越時空的變動，持續與祖先過去連結。也因為如此，賽夏耆老和族長們至今在各種祭儀和聚會活動中，仍然一再殷切地告誡後輩：不要忘記祖先、不要

忘記傳統。

　　由於個人因素的影響，這本書拖延了很多年才完成，過程中要感謝許多師長朋友的支持與鼓勵。其中要特別感謝鄭依憶學姐，原本打算與她一起合寫本書，後來雖然她因為時間因素而未能參加，但是全書初稿完成時，她花費了很多精力仔細閱讀，並針對結構安排和內容書寫提供了很好的修正建議，同時也提供田野照片補充我的不足。此外，黃應貴老師、陳文德老師、黃宣衛老師等人持續的督促，也是本書完成的重要推動力。另外還要感謝許多臺大人類學系同仁和同學們平日的交流和討論，讓我獲得很多思考的刺激和啟發，以及陳怡君、許湘彩和杜韋樺等人協助文稿校正和繪製插圖。

　　當然，最需要感謝的是賽夏朋友們這麼多年來給予的各種協助與照顧；例如風德輝、徐年枝、風勝福、高德盛、潘秋榮、趙正貴、武茂‧叭細、章運金、潘三妹、菈露‧打赫史‧改擺刨、豆鼎發、豆榮耀、高美娥、打赫史‧達印‧改擺刨、日繁雄、日智衡、張清龍、潘貴雲、朱阿春、風添福、風運勝、風玉雲、風唯賜、風健福、風錦發、朱達房、朱新欽、朱阿良、朱國平、朱秀春、朱逢祿、朱仁發、高雄生、樟秀琴、章根阿梅、根德盛、東月英、張慶昌、根水生、根健、絲玉嬌、朱振武、朱鳳生、趙山玉、趙山河、錢源金、錢茂豐、錢朱愛蓮、夏有發、夏茂隆、趙富貴、趙逸仙、風文理、朱黛華、風順恩、趙秋梅等；還有太多太多人，我實在無法一一列舉。他們不但是教導我賽夏知識的老師，許多

也是如家人般的好友。其中不少長者在這些年間陸續辭世，讓我深感遺憾和難過。總之，這本書是獻給所有賽夏朋友們的，因為走進賽夏田野的研究經驗，也是我生命軌跡中最深刻美好的記憶。

胡家瑜

2015.7.26

賽夏族 目次

圖表目次

第一章
導　言

　　賽夏族主要分佈在臺灣西北部新竹縣和苗栗縣交界的淺山地區，是現今臺灣原住民十六族中的一個小族群。與其他所有臺灣原住民一樣，賽夏語也是屬於南島語系的一支。由於社會政經情勢和人口數量的關係，賽夏語在 2009 年已被聯合國教科文組織登錄為瀕危語言❶。根據 2015 年 6 月原住民族委員會的人口統計資料，臺灣原住民人口總計約五十四萬人，大約是全國人口的 2%；其中賽夏族約六千四百人，僅佔臺灣原住民的 1.1%；從人口數量來看，賽夏族無疑是「少數中的少數」。不過，這個弱勢的小族群，雖然長期遭受外來的強勢壓力而不斷遷移變動，但卻仍然能夠維繫社會的運作，展現獨特的文化意象，並且凝聚強烈的族群認同意識。

　　賽夏族的社會文化性質，與其活動區域的歷史軌跡和人群互動的緊張關係密切相關。根據賽夏族的口語傳說，原本他們是人口眾多且擁有廣大領域的族群，極盛期最北到桃園

❶　聯合國教科文組織 2009 年報告，列出九種臺灣原住民族語言為瀕危語言，其中撒奇萊雅語、噶瑪蘭語、邵語、沙阿魯阿語、卡那卡那富語等五種被列為「極度危險」，另外賽夏語、魯凱語包括茂林、萬山以及多納三種方言被列為「嚴重危險」。

大嵙崁溪附近，最南到臺中大安溪一帶；後來由於和明鄭軍隊發生嚴重的衝突戰爭，才造成人口和居地銳減。在文獻史料的記載中，賽夏族活動的區域，也正是族群衝突糾紛非常頻繁的地區；自十八世紀清帝國在臺灣設立「土牛番界」起，賽夏人居住地區就緊鄰在界線的邊緣，隨著外來勢力的侵入和界線的內移，聚落也不斷向山區遷徙。賽夏族就是在如此衝擊變動的時空框架中建構的族群。

本書透過區域空間、歷史脈絡和社會文化特性的介紹，希望有助於一般讀者理解竹苗交界山區賽夏地方社會的建構過程，思考弱小族群面對外界強勢壓力的動態因應策略，並且反觀運用象徵資源創造文化生命力的可能性。

第一節　「賽夏」族名的由來

賽夏族名的由來與分類定位的過程相當特別。臺灣原住民族群的分類和命名，主要可以追溯至日本殖民時期官方和研究者合作推動的大規模部落調查。1895 年日本取得臺灣之前，許多地區的原住民還沒有發展出跨越部落的族群意識或集體名稱，因此不少族群名稱是人類學研究者轉借當地語言中對「人」的稱呼而命名；例如「泰雅」、「布農」或「鄒」等，即是由此而來的他稱。但是，賽夏族名卻不是外來研究者所賦予的他稱，而是內部衍生的自稱。

「賽夏」(SaySiyat) 一詞原本就是指特定地區的人群之

意。賽夏語中「Say-」作為前綴詞是「在什麼地方」的意思，「Say-Siyat」則是指「住在 Siyat 這個地方的人」;「Siyat」在賽夏語中是男子名，不過現在並沒有人清楚知道「Siyat」是指何人或是在何處。這個名詞出現的最早記錄，目前所知是在 1894 年清末刊印的《新竹縣采訪冊》。書中〈合番子番話〉篇採錄了一些當地原住民稱呼日月星辰、身體部位和姓氏名等詞彙；其中一段記載:「後山番自謂番曰『西絲臘』，後山謂淺山番曰『謂謂欲』，淺山番謂後山番曰『一打孽』」❷。這則記錄提到「西絲臘」是「合番子」中「後山番」的自稱。「西絲臘」以閩南話發音就是「SaySiratt」;由此推知，1895 年之前新竹山區已經住著一群自稱為「西絲臘」的人。

　　除了群體自稱之外，賽夏語還有區別其他人群的名稱，可以對比我群和他者，例如稱泰雅人為「Saypapa:aS」、客家人為「moto:」、閩南人為「kamsiyolang」、外省人為「baboy」等。藉由普遍流傳的賽夏起源傳說，這些區辨概念被本質化和神聖化。傳說情節大致如下:由於洪水氾濫，世界變為汪洋一片，僅存的一個人躲進織布機的木筒裡，最後這個人漂到高山上。當時山上住著一位名叫「'oepeh na bo:ong」的造物者❸。'oepeh na bo:ong 從織布機中將這個人撈起來，把他

❷　參考陳朝龍著、林文龍點校 (1999: 404)。

❸　造物始祖的名字叫「bo:ong」，「'oepeh」是他的外號，意指「頭白白的」。「bo:ong」和他的太太「maya」後來化成山，族人相信是

殺死並將他的身體切成小塊，用葉子包起來丟進水裡。結果肉塊變成賽夏人的祖先，骨頭則變成 *Saypapa:aS*（泰雅人）的祖先，內臟變成 *moto:*（客家人）的祖先。由於 *'oepeh na bo:ong* 將肉塊丟進水裡的時候，為每一塊肉取了一個姓，這也是賽夏族有姓氏的原因。故事強調造物者造賽夏人的同時，也創造了周邊其他族群，如 *Saypapa:aS*（泰雅人）和 *moto:*（客家人）；然而賽夏人與其他族群不同，因為造物者給了賽夏人獨特的姓氏。

　　相對於賽夏人清楚的我群意識，外界對賽夏族的印象卻相當混淆和模糊。早期文獻對新竹和苗栗交界的原住民，隨著不同時期的書寫而有「生番」、「合番」、「流番」、「化番」或「熟番」等多種不同的稱呼。從清代晚期到日本時代初期，外界主要將賽夏人稱為「南庄化番」❹。雖然早期的文獻記錄，大多帶有偏頗歧視的意味，不過某種程度也反映出當時外界對賽夏族的大致印象，例如「合番」或「流番」強調這群人的混雜流動成分，「化番」則說明他們時而歸順統治者、時而對抗的不穩定狀態。

位於東方的二座高山，很多人認為是大霸尖山，也有人認為是大、小雪山或玉山。

❹　1896 年派到南庄調查的臺灣總督府技師西田又二，仍然使用「南庄化番」稱呼賽夏族的原住民。

第二節　學術分類與研究焦點

　　學界對於賽夏族的分類界定，過去曾有不少爭論。最早提出臺灣原住民族分類系統的日本先驅研究者，如伊能嘉矩或森丑之助等人，大部分認為賽夏族是平埔族（道卡斯族）的支系，而不是一個獨立的部族❺。這樣的看法，一方面是因為清代史料提到，竹塹或新港等社原住民十七世紀末期為了抗拒鄭氏統治而陸續向後山逃逸。另一方面，則是有些賽夏姓氏群的遷移傳說，追溯過去祖先是由竹南或後龍一帶平原地區遷移而來。這些說法，使得早期研究者，大多將賽夏族納入竹塹或後龍平埔族的支系。對於二者語言或文化習俗的許多差異，有人認為賽夏族保留了平埔族未漢化前固有的「土俗」，有人認為是賽夏族進入深山後退化、或是受到附近「泰雅族」的同化而改變。

　　1911 年，臺灣總督府出版的 *Report on the Control of the Aborigines in Formosa*（《臺灣理番報告》）一書，首次將「*Saisett*」（賽夏族）列為獨立的一族❻。後來臺北帝國大學

---

❺　相關研究參見伊能嘉矩 (1898、1899、1904)；伊能嘉矩、粟野傳之丞 (1900)；森丑之助 (1917)。

❻　書中將原住民分為九族：Taiyal（泰雅族）、Saisett（賽夏族）、Bunun（布農族）、Tsuou（鄒族）、Tsairisen（魯凱族）、Paiwan（排灣族）、Piyuma（卑南族）、Ami（阿美族）和 Yami（雅美

成立「土俗人種學講座」，針對原住民各族的語言、系譜、遷移、傳說、社會組織、祭儀和族群互動關係等不同層面，進行大規模的田野調查和比較分析，1935 年出版《臺灣高砂族系統所屬の研究》；書中更正式認定賽夏族為高砂族九族中的一個獨立部族。此後原住民九族中包含賽夏族的分類架構被定型化，而且持續沿用至 1999 年才打破，並逐步增加為現今十六個族❼。「賽夏」這個族名，初期曾以不同的漢字如「獅設」、「賽西亞特」、「薩衣設特」、「沙色特」、「薩雪特」、「賽薩特」、「賽夏特」等寫法出現在不同著作中，直到 1953 年經過臺大考古人類學系的建議才逐漸統一❽。

　　有關賽夏族與平埔族的關係，後來民族學者很少再進一步討論。反而是語言學者透過語言的分析比較，陸續提出臺灣南島民族各族親疏關係的比較說法。目前對於賽夏語和臺灣南島語的分類定位，學界看法不一。土田滋和李壬癸等人將臺灣南島語分為八個語群，認為賽夏語應該屬於西北支平埔語群，與桃園附近的龜崙語和臺中一帶的巴則海語關係最為接近；何大安和楊秀芳等人則認為臺灣南島語可分為六大語群，其中賽夏語、巴則海語和泰雅語應該屬於同一個語群❾。有趣的是，雖然不同學者對賽夏語的看法有差異，但

　　族)。

❼　1999 年起至今陸續增加了七族，包括邵族、噶瑪蘭族、太魯閣族、撒奇萊雅族、賽德克族、拉阿魯哇族和卡那卡那富族等。

❽　臺灣原住民的族名統一雛議，參見芮逸夫 (1953: 37–38)。

分析結果都認為賽夏語和西部平原的巴則海（巴宰）語關係非常密切；這個推論與過去認為賽夏族是平埔族一支的看法形成有趣的對照。

基本而言，賽夏相關研究配合其區域互動歷史和社會文化特性，大致環繞著幾個不同範疇發展：㈠族群分界固定研究，以及賽夏族與周邊族群的關係。㈡賽夏獨特的社會組成模式，如父系氏族、姓氏概念、儀式傳承權與圖騰意象等。㈢宗教信仰與祭儀文化：其中最受關注的研究焦點，就是運用最多象徵與神秘禁忌的矮靈祭（巴斯達隘祭典）。其他如祖靈祭、祈天祭、播種祭，以及收養和回娘家等生命儀禮，也都是調查研究的範疇。㈣當代變遷與族群認同等議題：最近二十年間，賽夏相關研究更加豐富多元，包括物質文化、空間領域、歷史記憶、當代新興宗教現象等不同層面。除此之外，近期也陸續有族人開始加入自我文化研究的行列，針對傳統習俗、重要人物、祭典儀式、當代產業發展和族語教學進行調查、記錄與書寫。

然而，外界大眾對於賽夏族的印象，一般是透過通俗媒體或報章雜誌中矮靈祭（巴斯達隘祭典）的報導而來，其中經常刻板印象式地將這個族群形容為迷信、保守、神秘而奇特的民族。本書將綜合過去的研究成果，深入淺出地介紹賽夏族的社會與文化；並且試著拉長時間軸線，呈現區域互動

❾ 土田滋、李壬癸 (1996)；李壬癸、土田滋 (2001)；何大安、楊秀芳 (2000)。

歷史、社會組成、文化價值、儀式符碼、身體實踐、物質生活基礎，以及集體記憶與認同的建構等面向。透過這些內容，希望能夠讓大家更理解賽夏社會流動變化的軌跡、接合差異的調適能力，以及運用不同形式文化符碼持續延伸的內在動力。從臺灣大社會發展變遷的軌跡來看，賽夏族轉化各種外在威脅而持續建構的過程，不但反映出原住民族的強韌生命力，也可以為面臨強大資本主義和全球化風潮威脅的小型地方社會，提供一個思考文化價值和意義的積極方向。

第二章
活動區域與邊界歷史

　　賽夏族居住活動的區域，主要是在臺灣西北部海岸平原和東側高山之間的交界地帶。這個區域的生態環境、地理位置和自然資源，是造成長期以來人群在此複雜交會互動的重要因素。自十八世紀起，這個區域就因為「番界」的設置和穿越，糾結著不同人群和物資的流動，以及多重權力的競賽關係。賽夏社會是在這個複雜變動的邊界區長期建構發展而來。換句話說，賽夏生活空間的邊界性不但是地理的，也是歷史的，更是人群互動而沉積的結果。

第一節　區域空間與地景

　　賽夏人的活動領域範圍，主要位於新竹和苗栗交界地區。這個區域內大部分空間的海拔高度介於約二百公尺至二千公尺；西面鄰接後龍溪、中港溪和頭前溪沖積的海岸平原，東側和南側有五指山、鵝公髻山、鳥嘴山、大窩山、八卦力山、仙山、神桌山和加里山等山岳環繞；地勢從西向東逐漸上升。這個區域屬於亞熱帶氣候區，年平均溫度約攝氏 20 度，環境舒適宜人。境內的天然資源相當豐富，不但孕育有多樣的蟲

魚鳥獸，植物林木也生長茂密，樟樹就曾經是外人競爭的重要資源；同時還蘊藏不少煤礦，煤礦廠也一度是區內經濟依賴的主要產業。除此之外，由於當地陽光充足、雨量充沛，配合山巒丘陵起伏、雜色林木叢生，加上溪流蜿蜒、峽谷崎嶇，風景十分秀麗，現今是非常受歡迎的休閒觀光旅遊地區。

　　這個區域作為賽夏人的生活世界，是形塑文化面貌的環境框架，也是實踐社會行動的基本舞臺。賽夏社會的建構和領域意識的形成，與在這個空間中長期累積的生活經驗和感知的地景變動，有直接而切身的關連。目前所知對於賽夏區域生活樣貌和地景最早的描寫，是馬偕牧師和巴克斯船長留下的觀察記錄；一百三十多年前他們隨著三十名苗栗新港社人一起進入獅潭底山區的原住民領域。透過他們的視角和文字，可以約略反映出當時這個區域空間和生活的一些樣貌：

　　「我們穿越溪流、爬過山嶺，來到一座高山腳下的冷泉旁。晚飯後，開始攀爬陡峭崎嶇且佈滿密林的高山。嚮導不停地用長刀砍除纏繞的樹枝和其他障礙物，這一段登高旅程如此困難，連最英勇的人也要摒住呼吸才能前行。在我們到達高約三千五百英尺（約一千公尺）的山頂前，與我們同行的頭目（新港社）也吃不消了，隨行的人用長藤條拉著他走。這個區域是漢人與土著的分隔線。……山谷部落的一群生番拿著刀、弓箭和標槍爬上山頭向我們走來。……經過手勢交談，

生番准許我們進入他們的領域。」(Mackay 1927: 252–253)

「突然間峽谷朝向一個小的岩石谷地敞開，一些小屋在樹林和大岩塊間隱約可見。二、三間房舍聚集一群。這些房舍掩藏得很好，如果不集中注意力觀看，很難發現。房舍整齊乾淨，主要以棕櫚葉和竹子搭建；住屋建在地面，以泥土為地板；存放糧食的穀倉則建在離地約三呎高的屋柱上，以防鼠害。房舍周邊的小園圃種植著玉蜀黍；山坡處處可見成熟的紅色陸稻，夾雜生長在橫倒的樹枝之間看起來沒有經過太多照顧。稻米應該是品質較差的品種，不像一般稻米需要細心照料和灌溉。由於山區雨水充足，雖然稻米外觀長相不如白米，但還是品質不錯的食物。房舍周圍大都種有李樹或橘樹。帶我們前來的土著家屋特別整潔，門楣上吊掛著排列成行的山豬、鹿或猴子頭骨。……」(Bax 1875: 128–129)

上述文字的記錄雖然不長，但卻生動地呈現一百多年前苗栗山區的景觀。我們可以看出區內的高山、河流、懸崖、岩壁、森林等自然要素，以及園圃作物和果樹、房舍形式、屋門動物頭骨裝飾和屋內生活用具等文化產物。同時，記錄也顯示此區是漢人與原住民活動空間的分界線，想要跨越界

線進入區內的外來者，需要經過武裝原住民前哨的允許。雖然這樣的生活場景早已煙消雲散不可復見，但是也相對地反映出，長期在這個區域活動的賽夏人，歷經時間流轉、生活改變和地景變化，動態地建構其領域觀念和認同意識，並且形成一個具有獨特文化內涵的地方社會。

第二節　聚落分佈與流域聯盟

基本而言，賽夏聚落位於新竹和苗栗交界區，即現今新竹縣五峰鄉、苗栗縣南庄鄉和獅潭鄉一帶，主要沿著三條溪流流域分佈：⑴新竹頭前溪上游的上坪溪流域；⑵苗栗中港溪上游的東河（又稱大東河）與南河（又稱小東河）流域；⑶苗栗後龍溪上游的獅潭川（又稱紙湖溪）流域。大部分賽夏人在河流二側的山坡谷地和沖積小平原建造家屋居住，形成許多散居的小聚落。目前賽夏聚落大約有二十多個，大致以鵝公髻山和橫屏背山為界，區分為苗栗地區的南群，以及新竹地區的北群。

南群的賽夏聚落，主要散佈在苗栗中港溪中上游（東河與南河流域）和獅潭川流域一帶；包括現今南庄鄉的東河、鵝公髻、大竹園、三角湖、中加拉灣、向天湖、蓬萊、八卦力、大湳、大坪、二坪、大屋坑、里金館和馬果坪等聚落，以及獅潭鄉的百壽、馬麟、圳頭和崩山下等聚落。北群的聚落，則位在新竹上坪溪流域一帶，包括五峰鄉的五峰、上大

隘、高峰、茅圃、十八兒和比來部落等地（圖1）。

　　南群的賽夏人口大約有二千三百多人，是聚居族人數量最多的地區，約佔賽夏總人口數的 40%；北群的賽夏人口約有一千四百多人，佔總人口數的 25%。另外，還有將近 35% 的賽夏人，由於工作或求學等原因，早已移居到鄰近的城鎮如頭份、竹南、竹東、新竹等地，或是定居在臺灣西岸的大都市如臺北、桃園、臺中、高雄等地。移居外地的賽夏人，大多藉著週末假期或祭典儀式時返鄉與家族親友相聚，維繫一定的互動往來關係。

　　賽夏南、北二群的區域概念，可以追溯至早期的流域聯盟關係。過去賽夏族的居住型態，主要是三或五家同姓家戶

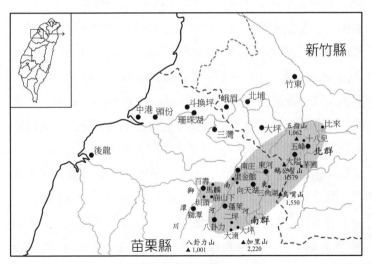

圖 1　當代賽夏聚落分佈圖

圖2 從中加拉灣 *lalai* 部落遠眺東河部落 (*walo'*)

零星聚集形成小「集落」('*aehae' rito'*)；幾個相鄰的集落結合成一個「村落」(*kin'atsangan*)；幾個鄰近的村落組成共同運作公共事務的「部落」或「社」('*asang*)。同一條河流的各個部落，基於地緣和血緣的關係，形成協商處理獵地或河川問題的「流域聯盟」，賽夏語稱「'*aehae' wara*」（一條溪）或「'*aehae' boehoe:*」（一張弓）。鄰近的流域聯盟則結合共同防禦的「戰事聯盟」，賽夏語稱「'*aehae' kapa:papanaehan*」。根據日本時代記錄，賽夏族過去主要有五個流域聯盟，包括：上坪溪流域的「*Say-kilapa:*」（十八兒、茅圃、比來等社）和「*Say-yaghoru*」（大隘社）、大東河流域的「*Say-waro*」（大東河、獅頭驛等社）、小東河流域的「*Say-rayin*」（獅里興、八卦力等社），以及獅潭川流域的「*Say-sawi*」（馬陵、坑頭和崩山下等社）（山內朔郎 1932: 31、32；移川子之藏等

1935)。

　　日本時代之後，流域聯盟的防禦功能逐漸消失，不過原有的區域分類觀念仍然延續，相關區域內人群的往來互動也還很密切。當代生活圈中，族人相當凸顯北賽夏 (kanamisan SaySiyat)、南賽夏 (kanaban SaySiyat) 二群的劃分；不過彼此溝通對話時，仍普遍採用過去熟悉的流域聯盟名稱，例如稱新竹的北賽夏群為「Say-kilapa:」，苗栗的南賽夏群為「Say-lamsong」（南庄）和「Say-sawi'」（獅潭）（表1）。

表 1　現今賽夏族主要聚落分佈

亞　群	區域分類		現在聚落名	現屬行政區
北賽夏 kanamisan SaySiyat	Say-kilapa:		上大隘 (SamSamma:am) 高峰 (:oeha) 十八兒 (Sipazi:) 茅圃 (tapayamay) 比來 (pilay, mailawan)	新竹縣五峰鄉大隘村、花園村
南賽夏 kanaban SaySiyat	Say- lamsong	Say- walo'	東河 (walo') 大竹圍 (siwazay) 鵝公髻 (horrorok) 向天湖 (raromoan) 加拉灣 (garawan) 中加拉灣 (lalai) 三角湖、大窩山 (habeoh)	苗栗縣南庄鄉東河村
		Say- ray'in	里金館 (ririyan) 小東河、大屋坑 (kakaboas) 馬果坪 (mam'aehae'bun) 長崎下 (se'e')	苗栗縣南庄鄉西村、南江村和蓬萊村小部分

		鱸鰻窟 (*kalopotoehan*) 下庄 (*rayhio*) 上庄、紅毛館 (*anmohuwan*) 蓬萊 (*rayin*) 茶園坪 (*kaskasaoan*) 二坪 (*bat'bato:an*) 大坪 (*mamongan*) 大湳 (*tamayonganan*) 八卦力 (*kaehkaehhoe'an*)	苗栗縣南庄鄉蓬萊村
	Say-Sawi'	百壽、永興	苗栗縣獅潭鄉百壽村

　　賽夏聚落的分佈範圍,雖然從日本時代以來改變並不大,但是聚落的組成和性質卻發生不少變化。二十世紀初日本時代的記錄,賽夏族主要有十一個社——大隘社、*Sipazi:*(十八兒社)、*pilay*(比來社)、*amiS*(橫屏背社)、*walo'*(大東河社)、*garawan*(獅頭驛社)、*ririyan*(北獅里興社)、*parngasan*(南獅里興社)、崩山下社、馬陵社和坑頭社(小島由道1917)。這些「社」都是由數個分散的小部落組成,例如新竹「大隘社」包含加里山('*isa'sa'*)、四十二份(*baboLsan*)、藤坪('*ilmok*)、一百端(*rakeS*)、煤簪坪(*ray'in*)等五個小聚落;南庄「大東河社」有 *siwazay* 和 *'a'owi* 二個聚落;「橫屏背社」有 *amiS* 和 *morok* 二個聚落;「獅頭驛社」有 *garawan*、*raromowan* 和 *wazwaz* 三個聚落。當時南賽夏聚落主要是一或二個姓氏聚集居住,北賽夏聚落則有較多不同姓氏的族人共同居住;通常部落中各個姓氏都有自己的族

長❶。

　　有些小聚落後來因為遷移而逐漸消失；例如早期屬於大
隘社的加里山（'isa'sa'）、四十二份（baboLsan）、藤坪
（'ilmok）、一百端（rakeS）、煉箕坪（ray'in）等聚落家戶，1930
年代之前已陸續搬遷移動，聚居到現今五峰鄉的上大隘和高
峰一帶。另外有些聚落在日本官方開發山地和移動「隘勇線」
的政策下，被強制集體遷移至他處；例如1909年日本人將原
住在向天湖和中加拉灣的客家人全部遷下山，再將東、西村
和南庄等地的賽夏人遷上山去；1929年原住在東河附近橫屏
背社（amiS）的賽夏人被集體遷至蓬萊附近的大湳、大坪和二
坪等地，而將客家人遷至橫屏背社居住。日本統治以後，雖
然聚落分佈區域並沒有大幅移動，但是越來越多賽夏家戶因
為生活、工作或就學方便，陸續從山區不便的地點遷移到交
通較便利的公路附近居住，許多山區的小聚落因而逐漸沒落
荒廢。近百年來，賽夏聚落的持續遷移變化，顯現於地方社
會中家戶的流動性。晚近由於道路交通和公共設施的改善，
人群移動的速度更加快速、範圍也更加擴大，目前賽夏聚落
大都是多姓氏和多族群混居的部落，有泰雅人、客家人、閩
南人、外省人或東南亞配偶等共同生活。

---

❶　例如北賽夏的加里山部落（'isa'sa'）有夏、朱、錢三姓；四十二份
　　部落（baboLsan）有夏、狸（胡）、錢、蟬（詹）、豆五姓；一百端
　　部落（rakeS）有夏、朱、高、豆四姓；中央研究院民族學研究所
　　(1998: 135-137)。

另一方面，由於現代國家行政體制和管理模式的不同，凸顯了賽夏南、北二群的區別和差異。十九世紀初起，賽夏領域因應「番界線」的移動而持續往內山遷移。二十世紀初「南庄事件」(1902) 和「北埔事件」(1907) 後，「番界線」再度大幅向內推進，並將賽夏領域切割為二區：南賽夏被劃入「平地普通行政區」，北賽夏被劃為「山地特別行政區」。此後被官方納入不同行政體制的南、北二群，接受二種不同的管理模式，分界線上過去設有管制站，南北二群人往來互動都需要通過管制。戰後國民黨政府接收臺灣，依然沿襲這種區分，將南群納入「平地」、北群是「山地」。1980 年代解嚴之後，山地管制站逐漸取消，不過迄今為止南、北二群賽夏人仍然分屬「平地原住民」和「山地原住民」二種不同身分。

居住在「平地普通行政區」和「山地特別行政區」的人群互動經驗不同，生活習性出現不同的變化。位在山地管制區內的北賽夏，周邊有許多泰雅族聚落環繞，因此族人普遍會說泰雅語，生活方式和物質文化表現都深受泰雅文化影響；劃入平地區的南賽夏聚落，客家人早已大量移入開墾定居，因此族人經常以客語溝通，許多生活習慣也受客家文化影響。而且，為了因應邊界的管制和阻隔，原本全族聚在一起共同舉行的矮靈祭，後來也改成南群在南庄向天湖，北群在五峰大隘二個祭場分別舉行，因此更強化了族人在主觀意識上區別南、北群的概念（鄭依憶 1989: 12）。不過，即便如此，南、北二群賽夏人的往來互動和認同意識並沒有因而被切斷，

彼此仍然透過通婚、拜訪親友和各種祭典儀式的舉行，維持相當頻繁的聯繫關係。

第三節 族群互動與「番界」歷史

拉長時間框架來看，賽夏族人的生活空間長期以來就是人群往來互動的交界區域。賽夏領域的西側，過去鄰接海岸平原的道卡斯平埔族，東、南和北側山區則有許多泰雅族聚落盤據。賽夏人對於竹塹和後龍一帶海岸區的原住民很早就意識到彼此的差異，而稱他們為「*panaeh*」。而且傳說中提到賽夏人的祖先原本吃魚，「*panaeh*」平埔人的祖先原本吃鳥獸，後來約定好彼此交換，變成賽夏人吃鳥獸而平埔人吃魚。這個故事說明二群人很早以前就彼此相互交易。

賽夏人與泰雅人的關係，由於生活圈相互重疊，彼此的影響更複雜。賽夏人與鄰近一些泰雅部落關係友好，相互合作與通婚，如南庄附近的鹿場群；有些則世代為仇敵，彼此獵頭爭戰不止，如與新竹和臺中附近的石加鹿群。無論如何，賽夏族許多「傳統」文化元素，如服飾、織布、紋面、獵首、占卜巫術等，都可見到泰雅族影響的跡象。然而，不少採借來的要素，經過吸納嵌併，已成為賽夏文化中獨特的一環。例如，受到泰雅族影響的賽夏獵首習俗，獵首祭中保護獵首成功的火器袋「*tinato'*」，與泰雅族的獵首保護袋，不但名稱相似、作用雷同，袋內裝的引火纖維、燧石、鐵片與人髮等

物品也類似。不同的是，泰雅族的獵首保護袋因日本時代禁止獵首而早已消失，但賽夏族的火器袋「tinato'」卻經過轉換變成現今「火神祭」或「帝那豆祭」的特殊象徵，仍然透過慰祭首靈以保佑賽夏子孫平安順利。

除了在傳說、物質現象或文化習俗層面，表現出賽夏人與周邊族群很早就有交換或互動往來關係之外，文獻史料中出現更多記錄，顯示近三百年來賽夏分佈區域的周邊，有不同人群交錯進出。例如漢人、西洋人和日本人等外來勢力，陸續在不同階段進入賽夏地區，進行屯丁、墾殖、定居、採樟製腦、開採煤礦等活動，歷經市場經濟和國家體制的強大衝擊，使得區內人群和物資快速流動變化，也造成不同群體間複雜的矛盾和利益衝突。

最早提到有關賽夏地區原住民活動的文字記錄，是江日昇的《臺灣外記》（1704年）。書中記載永曆十六年（1662年）由於施琅攻臺，鄭克塽沿途派遣「土番」搬運糧食；但由於軍需繁雜，當地土著無論男女老幼都被迫服勞役，造成生活困難。因此，各社相繼反抗，殺通事、搶糧餉。其中竹塹、後龍和新港等社「土番」，因響應而遭到鄭氏派來的陳絳撫剿，不少遭到進剿而不肯接受招降的「土番」後來逃入後山匿居（江日昇 1704: 398）。後來許多方志反覆引用這一則記錄，並轉化為竹塹和新港各社平埔族，逃往北埔、峨眉和三灣等地的說法。日本時代初期，學界受此影響因而認為賽夏族是道卡斯平埔族的遺族支系。

　　臺灣納入清帝國版圖後，漢人開始大量移入，使得賽夏地區人群關係更加複雜糾結。1720 年代，清代官府為了防止不法漢人逃入山區引起動盪和糾紛，開始在臺灣近山地區設立「番界」，是分隔漢、「番」活動範圍的界線❷。根據考證，當時最近的番界界石，是在中港溪下游頭份尖山附近。十八世紀以後，隨著漢人移民增加，墾殖勢力沿著兩條路線快速推移侵入賽夏居住區域。其中一路沿著中港溪從竹南、頭份，經斗換坪和三灣往南庄推進。歷史記載中有名的案例是 1805 年來此擔任「番割」的黃祈英，他從斗換坪進入「番地」與原住民交換物品，後來成為田尾社頭目樟加禮的義子和女婿，並引進其他客家鄉親一起到南庄附近開墾。黃祈英後來因捲入 1826 年的閩粵械鬥而被官府斬首，不過黃祈英事件後反而促使官府到南庄附近開疆設隘，周邊原住民與漢人交流互動也更加熱絡。1832 年左右，漢人開墾的範圍，沿著中港溪再往上游獅頭山和獅里興一帶的賽夏領域推進。

　　另一路沿著上坪溪往新竹五指山方向推進的勢力，主要與「金廣福」的設立和擴張有關。1834 年竹塹地區漢人以合夥入股的方式組成「金廣福」，並在北埔設置「金廣福大隘」，沿山設隘並招募隘丁防守。這一股武裝移民力量，衝擊原本居住在北埔、寶山、峨眉附近三十多個聚落的原住民，使得

---

❷ 初期是設置界石或界碑，十八世紀初期左右，官府另以堆土和挖溝方式構築界線，堆土俗稱「土牛」，土溝俗稱「土牛溝」，「番界線」也因此被稱為「土牛線」。

他們在短短十多年間，沿著竹東、大坪和藤坪等地，陸續往上坪溪上游的五指山方向移動。特別的是，當時被迫遷移的賽夏族，後來逐漸改變武裝衝突的策略，開始為漢人擔任守隘的隘丁，領取糧餉換取新的生活資源。1886 年金廣福的隘丁名冊記錄顯示，當時負責防守的一百多名隘丁，可能將近一半是賽夏原住民❸。

十九世紀後期，臺灣北部山區的樟腦糾紛日盛，引發1880 年代清政府的「開山撫番」行動，更造成賽夏地區大規模的變動。當時由於國外樟腦市場的需求量大增，生長著茂密樟樹林的賽夏分佈區域，成為臺灣採樟製腦的重要區域，越來越多漢人和其他外來者跨越「番界線」，進入山區爭奪樟腦資源。清政府雖然採取一系列「招撫生番」的策略，但卻促使更多人突破「番界線」限制，進入山區伐樟熬腦，造成族群之間互動更頻繁，利益衝突情況也更複雜。

清代《淡新檔案》的訴訟記錄，出現不少原住民、地方官府、軍隊、開墾者和製腦者之間的各種矛盾和糾紛。當時已使用「獅里興社」、「獅頭驛社」、「西潭底」等賽夏聚落的漢譯名稱。另外，日阿拐、絲有眉、絲打尾等賽夏族長的名字也經常出現在文獻檔案中；他們不但自己籌組墾號開墾土地和開採樟腦，也與漢人簽訂契約收取權利金，藉此累積大

---

❸ 這些隘丁的名字如帶英、著員、流明、阿斗、矮底、下底、打鹿、佳喇、右毛、由茅、油卯、卯乃、油歪、尤歪、歪賜、歪成等；參見吳學明 (2000)。這些名字，許多是賽夏氏族傳承的男子名。

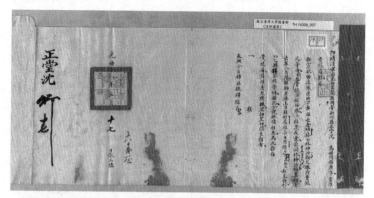

圖3　淡新檔案中出現的獅里興社土目絲打尾和族長日阿拐

量財富，成為當地有名的頭目或權力者（林欣宜1999）。同時，不少賽夏人已經開始用漢式姓名，而且與漢人通婚，收漢人養子或義子。許多知名的賽夏頭目，如南獅里興社的日阿拐、獅頭驛社的張有淮等，都是被賽夏人所收養的漢人。因為如此，清末文獻提到賽夏地區的原住民時，經常認為他們已經漢化了，或者稱之為「化番」。

　　日本取得臺灣之後，賽夏領域被納入國家統轄管制的範疇，新的理番政策使得食、衣、住、行和教育等各種生活層面都產生更大的改變。不過，這個小族群在日本時代曾引發二次激烈的衝突抗爭事件。一次是1902年（明治三十五年）的「南庄事件」，當時由於山林控制和開採樟腦的權益糾紛，苗栗地區的南獅里興社（巴卡散社）頭目日阿拐（akuai），聯合附近五百多名賽夏、泰雅和客家人，共同對抗日本人並發

圖4　蓬萊村大湳部落附近的
日阿拐墓

圖5　參與北埔事件的新竹
地區大隘社頭目達陸‧武茂
（臺灣大學人類學系影像收
藏）

生大規模衝突，最後在日軍的攻擊和誘騙之下，日阿拐敗逃
到深山中病逝。另一次是 1907 年爆發的「北埔事件」，當時
新竹地區大隘社的頭目達陸‧武茂（*taro'a'oemaw*，日本名
為伊波幸太郎，漢名為趙明政），受到鄰近客家人蔡清琳的慫
恿，率領族人與客家人合作攻擊日本駐在所，造成嚴重死傷；
事後頭目達陸‧武茂詐死藏匿於山中。

　　北埔事件之後，日本政府為了加強控制管理，1909 年在
當地實施隘勇線前進計畫，將「隘勇線」再向內山推進，而
且在群山間架設一條綿延漫長的鐵線柵欄，有些地方的鐵線

還通電以防止人畜穿越❹。不過，對於過去番界鐵線這種殘酷的國家集權象徵，不少賽夏老人回憶時卻常想起利用鐵線電流烤肉分食的戲謔情景，而不是文獻中記載的鐵線電死人畜等可怕事故。後來，日本政府將原本在界外向天湖和中加拉灣附近墾居的客家人遷出，把南庄、東村、西村和三角湖的賽夏族人強制遷移該處；並且將南庄附近的北獅里興社、獅頭驛社與橫屏背社等「番地」改為普通行政區。1920 年南庄改制，南賽夏地區全部劃入普通行政區，當地賽夏人都改為平地籍；但是新竹五峰地區仍然劃在番界線外的山地行政區，使得南、北二群賽夏人從此分別接受二種不同行政體制的管理。

賽夏族轉化衝突與調適妥協的能力，在另一個歷史事件中更戲劇性地展現。北埔事件後藏匿的賽夏大隘社頭目達陸・武茂，於 1921 年又復出與日軍合作，並帶領日軍連同賽夏族和鄰近泰雅族，一起去攻打深山內的泰雅族「石加鹿群」，最後獲得勝利。當時攻打石加鹿群驚心動魄的故事至今許多賽夏長老仍然津津樂道。達陸・武茂此後獲得日本官方的信任，成為當時賽夏族的權力者。不過，等到戰後國民黨接收臺灣，達陸・武茂又被視為過去抗日有功者而獲得重視，據說當年還曾經獲得蔣介石總統的接見。

---

❹　日本人為了嚴格管制「番界」，除了正規警力之外，也採用清朝的方式雇用民間隘勇防守，因此稱為「隘勇線」。參見臺灣總督府警察本署 (1989 [1918])；竹越與三郎 (1997 [1907]: 180–181)。

　　基本上，賽夏地區由於長期位處於「漢番」交界地帶，使得生活在其間的居民不斷歷經人、事、地、物的複雜變化，因而累積了獨特的人群互動經驗。隨著「番界線」往內山移動，當地賽夏人與外族的關係更加複雜和緊張，時而衝突、時而競爭、時而相互合作，經常基於當下的考量，選擇性地攻打或防衛隘口、競爭土地或樟腦資源、或是交換火藥和武器等。換言之，生活在邊界周邊的賽夏人，雖然因為外來衝擊而不斷被迫遷徙流動，但是複雜的互動經驗和微妙的他者關係，讓賽夏人培養出獨特的跨界建構動力，可以積極參與新興產業的活動，也轉化出強烈的族群整合能力和傳承危機意識。

第四節　口語傳說中的他者情結

　　長期在邊界區活動的歷史經驗，醞釀出賽夏人敏感而複雜的「他者」意識。他者一方面擁有豐富的資源和優勢的技術，可以為賽夏人帶來新的社會資源；另一方面又是強勢侵入者，對賽夏人的社會生活造成危機。因此，如何迴避或抵抗他者的壓迫，又能取得外來的新資源，成為賽夏社會持續建構的基本課題。事實上，賽夏人對他者的矛盾情緒，不僅是現實生活中不斷反覆的經歷，也沉澱為神話傳說中的核心隱喻和關鍵母題。透過各種神話傳說和儀式，「他者情結」轉換為不同內容並以不同形式再現。

　　賽夏文化要素中最深刻的「他者」意象，在「巴斯達隘」(paSta'ay) 祭典（外界俗稱「矮靈祭」或「矮人祭」），以及「達隘」(ta'ay) 傳說中表達得淋漓盡致。「達隘」傳說幾乎是每一個賽夏人都耳熟能詳的故事，主要情節大致如下：很久以前，賽夏聚落對面的河岸洞穴住著一群身高不到三尺的小矮人，叫做「達隘」(ta'ay)。「達隘」的臂力強大、善巫術，也精於農事和各種工藝技術。由於「達隘」教導賽夏人耕種陸稻，賽夏人年年豐收，因此每年慶祝豐收的祭典，都會邀請「達隘」來作客，感謝他們的指導。但是「達隘」自認對賽夏人有恩，所以態度非常傲慢無禮，喜歡欺侮作弄賽夏人。同時，「達隘」也喜好女色，時常調戲賽夏婦女。賽夏人百般隱忍，直到有一次賽夏人邀請「達隘」前來賽夏聚落參加收穫祭時，一名賽夏男子親眼看見「達隘」調戲他的妻子，因此決心報復消滅「達隘」。他與族人商量對策，預先在河畔懸崖邊將「達隘」回家途中必定停留休息的山枇杷樹，砍得將斷未斷，然後塗泥掩飾，等到祭典結束時，「達隘」在歸途中果然爬到山枇杷樹上休息，此時樹身不勝負荷折斷，在樹上的「達隘」全部墜入溪谷喪命，只剩下三位來不及爬上樹的「達隘」長老。未死的「達隘」長老譴責賽夏人用詭計恩將仇報，因此詛咒日後賽夏人將會面臨瘟疫災禍，農耕收穫大不如前，之後向東離去不知所終。「達隘」離開後，賽夏人果然連年歉收，老鼠、小鳥等動物都出現而危害作物，使得民不聊生。為了平息「達隘」的作祟，於是賽夏人開始在每年

收穫後，按照「達隘」長老的囑咐舉行「巴斯達隘」祭典，祈求「達隘」原諒。據說「達隘」長老離開前，曾經教導賽夏人唱祭歌和各項儀式知識，其中只有朱姓 (Titiyon) 一人在很短時間內將祭歌全部學會，這也是為什麼後來「巴斯達隘」祭典都是由朱姓擔任主祭的原因。賽夏人至今仍然莊重謹慎的持續舉行「巴斯達隘」祭典，就是為了與「達隘」的承諾。

　　對於「他者」的矛盾焦慮情緒，不但清楚地在「達隘」神話中傳達，在其他賽夏神話中也重複再現。例如賽夏人舉行的另外一個重要祭儀——祈天祭，祭祀的主要對象「雷女」*wa:en*，也是嫁給賽夏人的外來者。「雷女」*wa:en* 的故事內容大致如下：「雷女」*wa:en* 是「雷神」*bi:wa'* 的女兒，她從天上下來嫁給一位名叫 *taing* 的賽夏人做媳婦。「雷女」*wa:en* 結婚之後因為不能摸鍋子所以不能煮飯；但是她能夠毫不費力地在田裡開墾種植。「雷女」*wa:en* 帶來一種葫蘆，葫蘆切開後裡面有小米的種子，她將這些種子種在田裡長成小米，使得賽夏人的生活不再有飢荒。不過，雖然「雷女」*wa:en* 帶來了小米，但她卻沒有生兒育女，也無法持鍋煮飯，因此有一天她的公公忍不住責備她，並且勉強她去煮飯；最後卻造成房屋起火，「雷女」*wa:en* 也離賽夏而去，屋內僅留下一株芭蕉樹❺。

---

❺　1915 年小島由道第一次採錄到這個故事；1925 年佐山融吉也提到這個故事。2003 年迪士尼公司曾經將賽夏族雷女與小米故事選為亞洲傳說系列中臺灣神話的代表，拍攝動畫卡通影片，用英、中、

其他有關「織女」*katehtel* 的故事，也是敘述一位從海底來的女人，她與賽夏人結婚之後，將精湛的織布技術教給賽夏婦女，但是後來卻因為學織布的賽夏婦女們彼此之間相互嫉妒，並且猜疑「織女」*katehtel* 沒有公平的傳授技術給大家，因而造成內部糾紛，最後「織女」*katehtel* 憤而離開賽夏人，回到海底去❻。

前面提到的賽夏故事，雖然主角不同，內容也有很大的差異，但都強調外來者引入的新技術或資源，為賽夏社會帶來好處；但是另一方面，這些外來者又或者傷害了賽夏人，或是引起內部的緊張與猜疑，造成賽夏社會的威脅。這些故事中糾結著羨慕、嫉妒、懷疑、害怕、痛苦、憤怒和悔恨等多重複雜情緒，也交疊著不同的他者意象。這些傳說將賽夏人深層而微妙的「他者情結」清楚地傳達出來：「他者」雖然帶給賽夏社會富裕和繁殖的資源，但同時也威脅群體的生存。這種矛盾複雜的他者情結，與邊界區域的歷史經驗正好相互呼應。

雖然賽夏神話或傳說的內容細節，隨著時代或政經情勢的轉變而經常調整，但是故事當中的核心母題和情緒主軸卻一直反覆出現，持續地闡釋賽夏族的起源、神靈關係和關鍵象徵等概念。相對地，賽夏人在邊界生活和族群互動的經驗，

賽夏三種語言版本配音播放。

❻　現今賽夏人將「織女」*katehtel* 與「帝那豆」合併在一起祭祀，由趙（豆）(*Tawtawwazay*) 姓負責。

經過時間的沉澱、凝結，也轉化成獨特的他者情結，透過神話故事不斷口耳相傳，並且伴隨相關儀式的舉行，在不同世代間體現。從這個角度來看，賽夏世界中並存的他者，不僅是歷史過程中應對的外在對象，更已內化成賽夏社會文化建構的關鍵要素。

第三章
父系姓氏群與社會動力

　　賽夏社會的組成，除了前面提到的地域性部落之外，更關鍵的要素是父系姓氏群組織。許多社會責任、權利和義務的界定，以及內部人群分類秩序的維繫，都是以父系姓氏群作為主要運作單位。賽夏族的父系姓氏群的組成，是透過一套非常獨特的「姓氏」(*sinraehoe'*) 觀念，加以界定、區分與整合。各個姓氏的父系成員透過特殊的「姓氏」標示，形成界線分明、組織嚴密而又能夠跨部落連結的社群單位。基本而言，賽夏社會運作的主要架構，正是透過較為鬆散的部落（地域組織），以及相當嚴密的父系姓氏群（血緣組織）二者交錯互動形成。

第一節　賽夏姓氏與父系社群

　　賽夏社會是一個典型的父系社會，結婚後通常婦女嫁入夫家居住，子女承襲父親的姓氏、財產和權利。賽夏族的父系姓氏群，主要是基於共有父系祖先的信念連結而成，因此大部分研究者將之稱為父系氏族。不同的賽夏父系姓氏群成員，各自承襲其獨特不同的「姓氏」，賽夏語稱之為

「sinraehoe'」。「sinraehoe'」的傳承，主要是以子女從父姓為基本原則。對賽夏人而言，「姓什麼」非常重要，人與人之間的互動關係，經常視其姓氏和屬於哪一個父系姓氏群而定。也因為如此，當賽夏人遇見不認識的人時，第一句話都會先問「你是哪一家的孩子?」，以此判斷相互的關係。話語中，普遍習慣將「姓」界定為「家」，稱呼某人是「朱家的人」或「風家的人」等，這也反映出在賽夏人的觀念中，同姓者可以類比為同一家的人。

目前賽夏族的「姓氏」(sinraehoe') 主要可分為十四個：*Tawtawazay*（豆、趙）；*Titiyon*（朱）；*Baba:i'*（風、酆、楓、東）；*Kaybaybaw*（高）；*Sa:wan*（潘、錢）；*KaS'a:mes*（根）；*Haeyawan*（夏）；*Karkarang*（解）；*MinrakeS*（章、樟）；*Sayna'aSe:*（芎）；*Tanohila:*（日）；*Tataysi'*（絲）；*Botbotol*（胡）；*Kamlala:i'*（詹）。由不同時期的記載可知，賽夏姓氏的數量有所變化（表2）❶。此外，「姓氏」的區分，也會因應情境或權利義務關係的考慮而有不同說法。例如，有時會將十四個姓氏中的「*Sa:wan*」（潘姓），與後來才從「*Sa:wan*」分出的「*KaS'a:mes*」（根姓）合為一群，而分十三個姓氏❷。另外，在賽夏語中同樣稱為「*Sa:wan*」的姓

---

❶ 十九世紀末，《新竹縣採訪冊》採錄十種賽夏「番姓」。伊能二十世紀初調查時採集十一種賽夏姓氏。小島由道 1917 年的調查報告，則記錄十六個不同的賽夏姓氏，他提到當時「*KaSramo'*」（血）和「*Saytibora'an*」（獅）二姓已幾乎滅絕。

氏，現在在漢語書寫時普遍區分為「潘姓」和「錢姓」二個姓氏，因此共有十五個姓氏。

表 2　不同時期文獻記載的賽夏姓氏

新竹縣采訪冊 (1894)	伊能嘉矩 (1904, 1926)	小島由道 (1917)	衛惠林 (1964)	賽夏語辭典 (2012)
薩老宛	Sarawan（錢潘）	Sa:wan	Sharawan（錢潘）	Sa:wan（錢潘）
	kaSa:mes	Kasames（根）	KaS'a:mes（根）
豆豆亞夾	Taotaowarai	Tautauazai	Tautauwaza（豆趙）	Tawtawazay（豆趙）
知知倫	Tevutevuon	Titiyon	Titijun（朱）	Titiyon（朱）
夏狄灣	Hayawan	Haeyawan	Hayawan（夏）	Haeyawan（夏）
皆買茅	Kaivauvao	Kaybaybaw	Kaibaibao（高）	Kaybaybaw（高）
敢喇喇姨	Kamurarai（蟬）	Kamlala:i'（蟬）	Kamrarai（詹）	Kamlala:i'（詹）

❷　這種分法的原因是：一百多年前當「Sa:wan」（潘姓）要從獅潭附近向南庄遷移時，有一群人不願意移動而留在原地；這一群人表示要在當地生根，因此稱為「KaS'a:mes」（根姓）。不過，在賽夏人自己訂的母語教材中，僅界定十三個姓氏，其中「KaS'a:mes」（根姓）併入了「Sa:wan」。根據報導人的說法，因為「傳統姓氏」教學，最重要的是要讓下一代賽夏人清楚記得祖先和遵守「同姓」不能通婚的規矩，因此「KaS'a:mes」的成員必須記得是「Sa:wan」的一支，不能和「Sa:wan」通婚。

噠呢奚喇	*Tanihera*	*Tanohila:*	*Tanohila* （日）	*Tanohila* （日）
噠噠裏西	*Toritarishe*	*TataySi'*	*Tataisi*（絲）	*Tataysi'* （絲）
民六（食果）	*Menrakesi*	*MinrakeS*	*Minrakes* （樟）	*MinrakeS* （樟章）
	Varuvai	*Ba:ba:i'*	*Babai*（風楓 鄷東）	*Baba:i'*（風 楓鄷東）
	Karakarang （蟹）	*Karkarang*	*Karkarang* （解）	*Karkarang* （解）
		Sayna'aSe （九芎）	*Sayna'ase* （芎）	*Sayna'aSe:* （芎）
		Botbotol （狸）	*Bubutol* （胡）	*Botbotol* （胡）
知武喇唵		*Saytibora'an* （獅）		
		KaSramo' （血）		
10 姓	11 姓	16 姓	14 姓	13 姓

　　關於「*sinraehoe'*」姓氏的起源，前面一章已經提到，賽夏人的說法是造物者在洪水後「截屍化人」時，將肉塊變成賽夏族，骨頭變成泰雅族，內臟變成漢人；並且給了賽夏人「*sinraehoe'*」姓氏（伊能嘉矩 1908: 219–224；小島由道 1917；移川子之藏 1936: 100–102）。起源傳說賦予「*sinraehoe'*」姓氏神聖性的解釋；也透過故事的反覆傳頌，「*sinraehoe'*」姓氏的獨特性和神聖地位深植人心❸。因此，

---

❸　筆者進行田野調查時，經常聽見老人家講述賽夏人和賽夏姓氏的

在賽夏人的概念中，「*sinraehoe'*」姓氏是造物者所賦予的，是族人代代相傳的獨特文化印記。

相對地，在文獻史料和有些研究者的外部觀點中，認為賽夏姓氏是漢化的結果。由於清代史料曾提到，道光六年（1826年）南庄開疆設隘時，清代官府曾經「賜姓」給當地原住民，因此南庄原住民的姓氏是統治者所給予的、是採借的外來要素。不過，日本時代最早進入賽夏地區實地調查的先驅研究者伊能嘉矩，對於賽夏地區賜姓過程和文化固有「姓氏」的說法，提出了幾點有趣的解釋。他認為二者並沒有衝突，理由如下：⑴當地的部族原本就有特定的「家名」；⑵十九世紀初，清代官府開始用當地「土番」擔任隘丁防守番界，為了方便稱呼而要土著使用「漢姓」，因此將他們原有的家名予以翻譯成為漢姓；⑶這種賜姓方式是融合部族血緣集團舊有慣習而創出的新例（伊能嘉矩 1904: 558、1926: 662）。從伊能提供的訊息可知，史料所提清代的「賜姓」，其實並不是隨意給當地原住民添加「漢姓」，而是採用具有文化意涵的「家名」轉譯出來。

綜合不同資料可以推知，大約從十九世紀上半期起，賽夏地區的原住民因為與漢人的互動往來越來越頻繁，開始在各種官方文書、隘勇名冊或地契等資料中以漢式姓名的形式登記。不同於其他地區原住民的漢姓，這個地區原住民的漢

起源故事，雖然不同版本的故事內容細節有不少差異，但是主要母題和關鍵訊息大多類似。

姓非常獨特地採用舊有「家名」漢譯的方式，有系統地轉譯成為賽夏人的漢姓。因此，這些漢姓承襲了賽夏舊有家名的功能和特性。往後一百多年期間，除了日本統治後期，為了推行皇名化運動而強迫賽夏人改為日本姓名，使得賽夏人曾經短暫而無系統地被改成日本姓氏如「伊波」、「田中」、「高橋」等姓之外，其他時間賽夏人都同時並用「*sinraehoe'*」姓氏和轉譯的漢姓❹。

特別的是，許多賽夏姓氏名都具有明確而清楚易懂的意義。這些姓氏名的賽夏語原意，大部分都與自然界的動物、植物、天文或生理現象有關。而且，在轉譯為漢姓的過程中，賽夏語原意幾乎都被保存下來，例如風、日、豆、高、根、樟、芎、珠（朱）、蟹（解）、狐（胡）、蟬（詹）等，僅有少部分是採用音譯如潘、錢、夏、絲等（表3）。根據不同自然物或自然現象詞彙命名的賽夏姓氏，不但容易區分、辨識和記憶不同姓氏群之間的差異，也成為與其他外族區隔的清楚標記。雖然賽夏人早已普遍採用漢式姓名，但由於賽夏漢姓與一般漢人使用的漢姓差別很大，因此還是能夠清楚分辨出哪些是賽夏人的姓。總之，無論是用賽夏語或是用漢字書寫，「姓氏」都是界定賽夏個人身分和社會關係的重要標記，也是賽夏人用以區辨「我族」與「外族」的關鍵符號。

---

❹ 賽夏族人之間口語對話時，仍然多數使用賽夏語稱呼「*sinraehoe'*」姓氏；與外界溝通或書寫時，多半是用漢式姓名。

表 3　賽夏姓氏名稱對照表

賽夏姓氏	漢式姓氏	賽夏姓氏名原意
Tawtawazay	豆、趙	tawtaw 花生
Titiyon	朱	tiptipbon 薏米珠
Baba:i'	風、鄧、楓、東	ba:i' 風
Kaybaybaw	高	ibabaw 高
Sa:wan	潘、錢	象徵樹枝交錯之意
KaS'a:mes	根	ha:mes 樹根
Haeyawan	夏	音譯，ha:wan 夜晚之意
Karkarang	解	ka:ang 蟹
MinrakeS	章、樟	rakeS 樟樹
Sayna'aSe:	芎	'aSe: 九芎樹
Tanohila:	日	hila: 太陽
Tataysi'	絲	音譯，isi' 紫茄色之意
Botbotol	胡	botol 狐狸
Kamlala:i'	詹	lala:i' 蟬

　　目前十四個賽夏姓氏社群的人數多寡差異很大，人數最多的為「Titiyon」（朱姓）約有 119 戶；人數最少的為「Kamlala:i'」（詹姓）僅有 1、2 戶。不過，無論姓氏社群的大小，所有的姓氏都有其社會位置，舉行大型儀式時也需要有各姓氏的代表前來參加。長期以來，賽夏姓氏在漢譯轉換的過程，出現過多種不同的書寫表達形式。2001 年以後，由於國家政策開始提倡原住民母語教師認證制度和羅馬拼音教學，許多賽夏人開始學習羅馬拼音，使用拼音來書寫賽夏姓氏，最近也嘗試編寫辭典，逐漸將拼寫方式統一化。歷經不

同時代和書寫方式，至今「*sinraehoe'*」姓氏仍然在當代生活中傳達賽夏文化的基本價值觀，也是所有賽夏人最珍視的祖先遺產。

第二節　父系姓氏群與跨部落連結

賽夏社會運用「*sinraehoe'*」姓氏作為區辨人群差異的標記，分成不同的父系姓氏群。基本而言，賽夏人認為「同姓者」(*aehae sinraehoe'*) 過去都源自於共同的父系祖先，彼此血緣關係極為密切，因此不能通婚。同姓的賽夏人，無論是否住在同一個部落，或者是否具有彼此記憶中可追溯的血緣關係，都不能通婚。「同姓者」(*aehae sinraehoe'*) 必須遵守嚴格禁婚禁忌的基本觀念，在許多賽夏傳說故事不斷被反覆強調。這些故事不斷地以不同時間背景和不同故事情節，強調某些賽夏姓氏，因為違反了同姓不婚的禁忌，結果導致了姓氏的滅絕或衰亡。

過去賽夏姓氏成員禁婚的範圍更大，也更嚴格；除了同姓氏的成員不能通婚之外，關係密切的「聯族」(*manajaxa*) 姓氏成員，彼此也不得通婚，例如潘姓和錢姓、或高姓和絲姓，因為是具有密切親緣關係的聯族，二姓成員相互之間也不能通婚。不過，「聯族」外婚的禁忌，後來隨著現代社會的變化，個人婚配對象選擇的自由度增加，已經逐漸放鬆，現在有些人在議婚過程中，藉著舉行特別的犧牲獻祭儀式，由

雙方家長向祖靈告罪,「解決問題」之後再通婚。

　　同姓氏的父系社群,不但是賽夏分類的基本單位,也是許多重要賽夏儀式權傳承的關鍵單位。大部分的賽夏歲時祭儀的主祭權,限定由特定「姓氏」成員繼承。不同姓氏,各自負責不同祭儀的主持和操作;例如,「*Titiyon*」(朱姓)擔任矮靈祭 (*paSta'ay*) 的主祭,「*Sa:wan*」(潘姓) 是祈天祭 (*'a'owaz*) 的主祭等等。也因為如此,賽夏語中發展出「*sapang*」和「*a'oema:*」二個特殊的人群對比詞彙:「*sapang*」是指「主祭同姓者」,而「*a'oema:*」則是主祭姓氏之外的「異姓氏者」。各種賽夏祭儀的舉行,都強調「主祭同姓者」與「異姓氏者」之間權利義務的差異和關係的區別。各項祭儀工作的準備安排,主要都是由與主祭同姓者一起分擔和幫忙,許多事務是異姓氏者不能僭越擔任或觸碰的。透過儀式活動週期性的循環舉行,不同「姓氏」成員反覆匯聚相互配合,「姓氏」的觀念也不斷強化。

　　許多早期研究者已經注意到賽夏族獨特的「姓氏」制度和父系成員的特殊關係,曾以「圖騰」的概念來解釋,認為這種父系氏族是臺灣僅存的圖騰氏族例證;同時認為過去祖靈祭使用的祖靈籃是圖騰箱,因此推論圖騰信仰原本是維繫賽夏社會秩序和實行社會控制的機制,但是後來圖騰信仰逐漸退化 (衛惠林 1956: 1–5;陳春欽 1968: 89–90)。然而,賽夏族的姓氏制度與人類學者定義的圖騰制度其實有所差異。圖騰制度,主要是群體成員自我認定與某種自然物有特殊血

緣關聯，並將特定自然物視為我群的「圖騰」(Radcliffe-Brown 1952: 117)。賽夏的「姓氏」制度，雖然使用自然物名稱作為社群區辨符號，但姓氏名所指涉的自然物並沒有被認為是氏族祖先或有特殊血緣關聯，相關自然物的圖像也很少使用為群體標記。例如，朱姓與其姓氏名「薏米珠」之間並無明顯關係，對於薏米珠沒有特殊的感情或迴避禁忌，同時矮靈祭時朱姓主祭傳承製作的象徵物——蛇鞭，也與「薏米珠」無關。

圖 6　祖靈祭時 *paSbaki'an* 男性成員輪流打製糯米糕

圖7　*lalai* 部落風姓 *paSbaki'an* 成員祖靈祭後全體合照

　　反觀來說，姓氏除了是賽夏社會分類和儀式權力傳承範圍的標記之外，更重要的是對賽夏人生活經驗的建構，有根本性的影響。在實際社會生活中，同姓的成員是許多活動的基本行動單位。通常聚落內的同家戶，都是血緣關係較親近的同一父系姓氏群成員，他們是感情基礎和日常行動往來最密切的團體，過去是共同開墾、築屋和共組獵隊的基本單位，現今仍然是一起舉行祖靈祭的祭團成員，賽夏語稱為「*paSbaki'an*」，每年會定期一起舉行祖靈祭「*paSbaki'*」。目前南賽夏大約有二十五個、北賽夏有八個祖靈祭團（*paSbaki'an*）。雖然現在的生活型態早已改變，許多賽夏人都移居到城鎮都市居住，但「*paSbaki'an*」祭團成員，仍然會攜家帶眷返鄉參與和完成祖靈祭，而且至今仍是家庭照顧或休閒聚會的密切伙伴。

「*sinraehoe'*」姓氏作為賽夏社群分類的標記，無疑是關鍵的核心文化符碼。藉由「姓氏」形成的父系血緣性社群，更是組成儀式行動和日常生活行動的基本單位。原則上，「*sinraehoe'*」姓氏群是超越地域性的存在，同姓氏成員分散居住在不同聚落，而且並沒有明顯的本支、分支的統轄關係。根據早期調查記錄，姓氏成員可能原有聚居於特定地域範疇的傾向，但是在長期遷移分散過程中，大部分姓氏都散居於不同地域單位。前面章節曾提到，賽夏地域單位是小而零散的單位，主要是散居在不同流域或支流谷地中，由各父系姓氏社群的長老主導部落事務。賽夏地域組織的關係，由於經常遷徙移動而有不穩定的特性。姓氏祭團也因應地域的變動，而動態地分裂或成立新祭團（鄭依憶 2004: 12）。賽夏社會，主要就是透過姓氏血緣群體和部落地域群體，交錯運作的複雜動態關係而組成。

總之，藉由姓氏和祖靈祭團的運作，賽夏人長期在離散遷移的過程中，可以靈活地轉化或結合血緣與地緣組織，藉由姓氏祖先的力量作為延續姓氏成員生命力的根源，並且維繫社會秩序和調解糾紛，衍生跨部落的行動力，成為賽夏社會建構和族群形塑的關鍵機制。賽夏人很早就發展出超越部落的認同意識和組織行動的模式，姓氏和父系姓氏祭團無疑是衍生跨部落連結動力的關鍵機制。

第三節　領導權與社會階序

　　賽夏族社會權力分配的方式，在臺灣原住民各族中相當獨特。臺灣原住民各族的權力來源有不同型態，有些社會強調平權化的「大人物制」(big-man)，個人的權力和地位不是透過世襲得來，主要是後天努力而獲取的，例如布農、泰雅、雅美（達悟）等族；有些社會已有階層化的頭目或貴族制度發展，個人的頭銜、地位和權力，主要經由家系的傳承而先天賦予，例如排灣、魯凱、卑南、阿美或鄒等族群。但是，賽夏社會卻很特別，同時交疊並存著平權化「大人物制」和階層化「酋長制」式的二種權力形式（黃應貴 1986: 4–19），展現出特殊的雙重性。

　　基本而言，賽夏社會強調個人權力平等的價值和精神，每一個人被認為是平等的。賽夏部落通常規模小而且結構鬆散，並沒有固定的公共集會所，也沒有固定的頭目職位作為政治領導者。由於早期的聚落大部分是由同姓者聚居在一起形成，部落內的公共事務，主要是由各姓氏族長或長老共同討論而達成決定。族長或長老並不是固定的組織，凡是年紀、經驗、才智、能力或品德受到肯定的人，都可能被推派擔任參與公共事務討論的長老代表。同時，部落的領導者，並不是繼承或世襲的職位，而是在部落的成年男子當中，由長老們根據個人的武勇、口才、智慧、公正、熱心和善於溝通等

表現，公推出一位能夠排解糾紛、分配勞役、處理公共事務與對外協商的人，作為部落主要代表者，賽夏語稱之為「*kakp'aza'an*」。日本時代以後，因為日本警察機關指定人選，各部落才出現固定的頭目和副頭目❺。

賽夏「*kakp'aza'an*」的地位是有權威性的，具有處理公共事務的權力，但並沒有強制支配其他人的力量。雖然「*kakp'aza'an*」實際推選運作的結果，大多是由部落中人數較多的姓氏出來擔任，有時也會有子繼父任的情況；不過主要是依據個人的表現由眾人推舉作為原則。據說過去被推選出來的「*kakp'aza'an*」，經常服務到老死之後，大家才再公推另一位新的繼任者。日本時代以後，為了管理方便，開始由警察機關在各部落指派「頭目」或「副頭目」，雖然這些被指派的頭目，大部分也是部落內有勢力或有聲望的人，但卻不再是由族人們自主性推舉的結果。

除了個人的權力地位之外，賽夏人還強調各姓氏群之間的地位對等。由於賽夏各姓氏的人數多寡不一，大的超過百家，小的僅有二、三家；因此實際運作集體共同事務的時候，較大的姓氏經常會成為主導者。但是賽夏人認為各姓氏無論大小都有自主的權力，在公共事務上也都有一定的發言權；尤其是在儀式性對話的場合，各姓氏具有平等的地位。各種賽夏儀式聚會之前，一定要事先聚集各姓氏代表進行對話，

---

❺ 日本時代開始才出現由警察機關指定的「頭目」職位；清代的記錄中都稱呼當地部落公共事務的主要對外溝通者為「族長」。

先協調溝通不同意見或化解彼此的不滿或爭執；處理完不同姓氏之間的糾紛和矛盾後，祭儀才能正式開始。賽夏語因此出現二個詞彙：「haehaeong」和「balong」，用來指不同姓氏長老代表們之間的儀式性公開對話。在進行儀式性對話的場合，賽夏長老們都相當拘謹嚴肅，因為他們不僅是以個人的身分發言，還代表著姓氏祖先。通常各姓氏代表的儀式性對話過程，都非常冗長或節奏緩慢，而且不斷在不同場合反覆述說著相同的過去矛盾歷史，因此經常有年輕人抱怨，這種對話太囉唆、沒有效率。但是，對於沒有權力集中於特定領導者的賽夏社會而言，儀式性對話顯然是不同姓氏社群調解紛爭、維持內部和諧的重要機制之一。

另一方面，除了平權的基本精神之外，賽夏社會秩序的維繫，還有賴於二種不同性質的權力階序。一種是所有臺灣原住民社會都普遍尊崇的年齡階序，這是生活秩序和人際互動倫理的重要基石。賽夏社會是以「敬老」為思考邏輯和基本行為規範，建立起年齡輩分的階序，並且賦予年長者代表發言和決定事務的權力。通常，各家戶或各姓氏的男性「長老」，是自己家戶或姓氏社群的主要發言者，內部秩序控制和仲裁調節者，負責發號施令、安排事務的執行程序，並教導、訓誡或規範年輕人的行動。較大規模或跨部落的全族性事務，藉著大型祭儀共同聚集的場合，由各姓氏長老相互商議協定。各姓氏長老在溝通討論時，並不彰顯各別姓氏群實際權力的差異，而是透過祖靈信仰的力量，強調必須遵守和諧共處、

圖 8　巴斯達隘祭典祭屋內各姓氏長老代表調解議事（潘秋榮提供）

不得爭吵動怒的祖先訓示，最後達成協議。

　　除了年齡階序之外，另一種賽夏特有的階序，是強調各個不同姓氏之間，彼此儀式主持權和儀式資源權力的差異。雖然前面提到賽夏各姓氏社群間互動的平等精神，但是賽夏人卻相信不同姓氏因為神聖的傳承關係而擁有不同的儀式資源和權力。許多重要賽夏祭典的主祭權固定由特定姓氏所專有，而且依照父系傳承法則，僅限由同姓氏的男性成員才能夠繼承主祭權。例如，「Titiyon」（朱姓）擁有「paSta'ay」巴斯達隘祭典（俗稱矮靈祭）主祭的特權，「Sa:wan」（潘姓）擁有「'a'owaz」祈天祭主祭的特權，「Tawtawazay」（趙／豆姓）擁有「tinato'」帝那豆祭或火神祭主祭的特權，

「*Haeyawan*」（夏姓）擁有「*baki' Soro:*」祭祀神龍的特權等。其他姓氏也大多在「巴斯達隘」（矮靈祭）這個全族性的盛大祭典中，擁有特定象徵物製作和使用的特權，例如十年大祭祭旗，在南群是由豆姓和絲姓兩姓輪流負責製作與揹旗，芎姓則負責協助扶旗；北群則是由夏姓負責製作與揹旗，胡姓和樟姓兩姓負責協助扶旗。

　　這些儀式特權基本上是排他性的，他姓氏者不能分享。祭典期間，主祭透過主持的過程成為儀式的中心；而與主祭同姓氏的男性成員，經由共享秘密知識和神聖物的製作或碰觸等特權，擁有不同於其他姓氏的地位。尤其繼承祭典主持權的主祭者，大都是受到族人尊重而有影響力的人。許多涉及過去傳統和賽夏習俗的問題，賽夏人經常優先徵詢相關祭儀主祭者的意見。不過，賽夏祭儀的主祭和同姓氏者的儀式特權，通常僅在祭典期間和儀式行動中展現，很少延伸成為日常生活中世俗的政治或經濟特權。一旦祭儀結束之後，大家回歸日常生活，主祭和同姓者在祭儀期間的特殊權力即不再彰顯。所以，經常在祭儀結束後，第二天就可以看見主祭和其他人一起下田農作或是在路邊割草。換言之，賽夏族的儀式權力和資源，是與現實生活中的政治權力和經濟資源區分開來的。大部分的賽夏人相信儀式權力和資源是祖先傳承的神聖遺產，利用祖先遺產獲得個人利益是不恰當的，也會遭到祖先的責罰，因此非常排斥或刻意避免直接的利益轉換。

　　平權和階序並存的雙向權力分配模式，凸顯出賽夏社會

的獨特性。基本而言，在日常生活層面，賽夏人非常強調平權，重視個人的能力和表現，並沒有特定的個人或社群固定壟斷生產資源或政治特權。處理跨部落的公共事務，通常需要透過各姓氏長老的溝通協商，達成一定程度的共識之後再推動。但另一方面，賽夏人對儀式權力的分配，卻強調天賦的差異和同姓氏群世代承襲；不同姓氏群擁有不同的儀式主持權，不同祭儀的主祭限定由特定姓氏世代相傳。這樣的安排機制應該與賽夏人活動區域的變化特性有關；長期生活在邊界空間的賽夏人，隨著邊界線的移動，聚落持續遷徙和不斷重組，「姓氏」因此成為集結離散人群的重要記號。不同的姓氏群透過儀式主持權的差異，而被賦予獨特的社會責任和角色，並且與其他姓氏結合形成分工性的儀式聯盟；另一方面，信仰儀式的神聖性，也使得姓氏群的凝聚力具有超越世俗的崇高性和約束力，代代承襲不敢忘記。從這個角度來看，階序化的儀式權力是各姓氏整合的推動力；藉著對儀式權的區分和掌控，賽夏社會突破遷徙離散的危機，衍生出獨特的集體行動方式。

第四節　個人能力與祖先智慧

　　前面提到賽夏社會非常強調平等的基本價值，也認為個人地位應該是透過其才智、武勇、公正或熱心等特質而獲得，而不是透過出生家系的世代傳承而來。不過，雖然個人表現

的差異，基本上被認為是個人努力學習或認真工作的結果，但大部分賽夏人解釋個人能力的不同，或是學習結果的差異，仍然普遍相信是與祖先有關，祖先力量的庇佑和祖先智慧的承襲，經常被認為是對個人表現具有重要的影響。

　　賽夏人強調祖先智慧和力量傳承的重要性，也轉換成為尊重「傳統」的另一種說法。「傳統」這個詞，賽夏語翻譯為「kaspengan」。不過，「kaspengan」更廣泛地指所有祖先傳下來的習俗、知識或技術等各種智慧的表現，包括祭典儀式相關的器物、知識、禁忌和行為規則，也包括各種過去生活當中運用的食、衣、住、行等相關技術，例如編籃、織布、木工、建屋、打獵、環境知識，甚至傳統釀酒和醃製食物等。與「kaspengan」相關的事物，通常年長者或是具有傳承權的相關姓氏成員，被認為具有較高的知識、能力和發言權，因此遇到與「kaspengan」有關的問題，需要聽取年長者或傳承權相關姓氏者的意見和教導。

　　對於傳統習俗和技術的學習，賽夏人認為不但需要個人努力學習和經驗累積，同時需要有知識技術精湛的前輩指導，此外還要經由一種特殊的傳承方式——賽夏語稱為「tasa'ba:a'」——取得能力。「tasa'ba:a'」是一種特殊的摸肩方式，學習者需要找到一位年長的傳授者，拍摸傳授者的肩膀，分得他所承襲的祖先智慧或能力。直接觸摸肩膀和經由身體的傳遞而承接祖先的智慧或能力，經常是賽夏人用來解釋個人技術表現差異的重要原因。例如，製作傳統糯米糕

(tinawbon)、糯米酒 (pinoSakan) 或醃肉 ('inomaS) 特別好吃的人，大家會認為他找到一位好的老師做「tasa'ba:a'」，因此承接了老師的手藝。同時，如果想要學織布、編籃、或治病巫術等祖先傳下的技術，大家也認為需要找一位眾人公認傳統技術優秀的前輩來摸肩，才能真正學好。

拍摸肩膀的動作，除了用在學習傳統技術之外，也經常出現在祭典儀式過程中，用來承接獲得祖先力量。儀式進行的時候，主要是由參與儀式的族人伸手觸摸手持神聖物的特定姓氏代表肩膀，藉著姓氏代表的身體媒介，輾轉承接透過神聖物傳遞的祖先靈力，讓觸摸者獲得祖先力量而保佑平安順利。由於摸肩的動作鮮明奇特，祭典過程中，參與族人一窩蜂擠向前去拍摸姓氏代表的肩進行「tasa'ba:a'」的時刻，經常成為儀式的高潮。例如，巴斯達隘祭典歌舞行進間，當主祭朱姓青年男子代表手持蛇鞭，進入祭場中央拍打以驅散雲霽雨霧的時候，賽夏父母們都會帶著小孩去觸摸打蛇鞭者的肩膀，以期獲得蛇鞭傳遞的神聖力量，保佑孩童平安長大。十年大祭時，高達二、三公尺的大祭祭旗「Sinaton」不定期由負責姓氏扛持著，環繞著歌舞隊伍巡行時，群眾也爭先恐後擠上前去拍摸扛旗者的肩，賽夏人相信每個人從小到大的成長過程，需要拍到二次揹旗者的肩，得到祭旗輾轉傳遞的力量，才能夠一生平安順利成長。由於「Sinaton」布旗極為神聖，絕對禁止外姓氏和外族人觸摸，因此每當族人蜂擁而上拍扛旗者的肩膀時，總是造成全場騷動。

此外，另一個重要的賽夏祭典——祈天祭（'a'owaz），也運用類似的「tasa'ba:a'」拍肩儀節。由潘姓擔任主祭的祈天祭，關鍵儀節包括主祭和同姓代表在祭屋準備小米、獻祭小米，以及和大家分食小米的過程。在這個祭典中，小米賦含有特殊神聖的力量，當主祭姓氏代表們，開始進行踩小米、舂小米、篩小米和杵小米等一系列食物準備工作時，其他賽夏人也會跑過去拍摸這些處理小米男性代表的肩，藉此得到特殊力量而保佑平安健康（潘秋榮 1998: 73）。

綜合而言，「tasa'ba:a'」拍肩作為一種特殊的象徵性行動，反覆地運用在賽夏族社會生活的不同層面，反映出賽夏文化獨特的身體媒介概念。日常生活中，透過拍前輩老師的肩膀，獲得老師身體隱含的前人智慧和力量，才能學好與祖先傳統相關的技術。祭典時，則藉由儀式中持拿神聖物的特定姓氏代表作為中介，透過拍摸持拿者的肩膀，可以輾轉取得神聖物傳遞的祖先神靈力量。由此可知，賽夏人「tasa'ba:a'」拍肩的象徵行動，反映出特殊的人、物關係，以及身體和神聖的概念。個人技術能力的表現，需以承接前輩的智慧為根基，而前輩的技術和智慧，必須藉由身體為媒介才能有效傳遞。更有甚者，個人生命的平安和幸福，是與祖先力量轉換而獲得的個人生命力相互關連。然而，祖先的神聖力量，無法藉由直接觸摸神聖象徵物傳遞，而是輾轉觸摸特定姓氏代表的身體，間接移轉至賽夏人的身上。總之，個人智慧、能力和生命力的建構，是以祖先的智慧和力量為

基本元素；而承接祖先的智慧和力量，透過觸摸傳遞者的肩膀才是關鍵媒介。

第四章
家、性別與生命繁衍

賽夏族的社會，是一個嚴格的父系社會。從夫居和父系傳承是家庭組成的主要原則。通常女性結婚後到夫家居住，婚後所生的子女承襲夫家的姓氏、財產和儀式權利，而且主要是由男性承襲家族權利，以及被賦予處理公共事務時的發言權。女人的地位，從表面上看起來相當低落。不過，如果進一步瞭解賽夏族的婚姻型態和家庭生活中男女互補的性別角色，可以發現女性潛藏的力量。女人透過婚姻締結和維繫的過程，發揮對家庭經濟和繁衍後代的貢獻，成為無可替代的社會關鍵動力。本章將從婚姻和家庭生活中婦女的角色，顯現賽夏族「異姓」聯姻形成的親屬網絡、互動模式和權利義務關係，以及在這個嚴格父系社會中的性別關係和女性力量。

第一節　婚姻與家庭分工

婚姻，是家庭組成的主要途徑，也是賽夏人生命過程最重要的轉換關鍵。「結婚」或男女二性結合，賽夏語多用「*makaksi'ael*」來表示，其實是「一起吃」或「相互吃」的

意思。基本上，男女透過結婚，一起共食、共同生活，並繁衍子嗣血脈，使得個體和族群生命不斷延續發展。對賽夏人而言，無論男女都是在結婚之後才被認定為一個成長完全的「人」。傳統的婚姻型態，是以一夫一妻的嫁娶婚為主，女人婚後搬到夫家居住，組成家庭共同生活，並延續夫家的子嗣血脈。除此之外，結婚聯姻的過程，明顯地有結合二個家族的社會作用。而且結婚不僅是二個家族結盟持續密切互動，由於賽夏族有同姓不能結婚的潛規則，因此聯姻也是二個不同姓氏父系家族的連結。

　　過去賽夏人的婚姻幾乎都由家長決定安排，「交換婚」是最普遍的婚姻形式。賽夏族的交換婚，主要是由二個家族約定好相互交換家中的未婚女子而結親，賽夏語稱之為「hinghingha’」（均等之意）。這種均等式的交換婚，是由二個不同姓氏父系家族交換女人，主要是以二方的姐妹或堂姊妹相互交換，作為對方家族男子的妻子，形成二家「親上加親」的關係。不過，二家交換結婚的關係通常以一代為原則，並不是二家長久性的交換。直到二、三十年前，交換結婚的方式在賽夏社會還很盛行，現今大約五十歲以上的賽夏夫妻，還有很多人是透過二家交換的方式而結婚。

　　如果締結婚姻關係的二家（二個不同姓氏家族），並非雙方交換姊妹或堂姊妹完成二個婚姻，而是只有一家娶入女子，另一家嫁出女子，賽夏人通常稱之為「不均等」或「偏向一方」（komih’iri:’）的婚姻。對於非交換的婚姻，大致有幾種處

圖9　訂婚分豬肉與糯米糕

理方式：(1)由男方家族送給女方足夠的聘禮；(2)男子婚後二、三年到女方家服勞役；(3)由男方家族長期「借人」，直到下一代繁衍出女子的時候，再償還給對方家族❶。另外，賽夏社會也有入贅婚的例子，由男子入贅到女方家族居住生活，出生的小孩繼承女方的姓氏和權利。不過一般人對入贅的評價不太好，因此並不是很普遍。除此之外，根據耆老的敘述，過去也有男方搶奪後脅迫女方同意的少數例子。

　　傳統的結婚過程，大致包含幾個不同階段：(1)許婚：雙方家長多在兒女年幼時談論對象，如果彼此同意結親，通常交換煙斗表示允諾婚約。(2)求婚：男女雙方到達適婚年齡後，由男方親友長輩帶領準新郎到女方家協商結婚事宜，預定婚期。(3)訂婚：準新郎和男方親屬攜帶豬肉、酒等禮物，赴女

❶　這些婚姻形式，研究者稱之為買賣婚、勞役婚、借貸婚和入贅婚；小島由道 (1917)；增田福太郎 (1942)。

圖 10　結婚儀式時新郎與長輩合杯共飲（鄭依憶提供）

圖 11　結婚儀式時新娘對長輩餵食豬肉（鄭依憶提供）

方家舉行儀式，祭告雙方祖靈，疏通過去恩怨。訂婚後準新郎通常到女方家裡幫工一、二天。(4)結婚：新郎預備結婚禮服、珠串等物品，與男方親屬到女方家迎親，攜帶新娘回男方家（《臺灣文獻》1989: 209–212）。後來隨著生活型態的變化，結婚締結的方式，受到主流社會觀念影響而產生許多變化。例如，年幼許婚的現象現在幾乎不再看見，而且二家之間進行交換婚的比例也越來越少。此外，由於人際互動範圍的擴大，跨族群和跨國通婚的比例越來越多，現在大概每一個賽夏家族都有一些與不同族群通婚的案例。同時，結婚過程和婚聘嫁妝等物品，也不斷隨著時代而變化。當代婚姻嫁娶時交換的禮物，除了過去必備的豬肉、糯米糕和服飾之外，現在也廣泛受到臺灣主流價值的影響，贈送現金、金飾、傢俱或家電等禮物成為普遍的現象。

　　過去賽夏族婚姻運作的模式，明顯可以看出父系中心社會的基本價值觀和性別觀：(1)婚姻並非以個人意願為主要考慮，而是為了男方父系家族子嗣的延續，以及男女雙方父系家族的結盟；(2)婚姻締結的過程，女人經常被動地被雙方家族交換，如果一方缺乏女人來交換，需以其他的替代物如聘禮或勞役來代替；(3)女人是未來夫家重要的繁殖和勞動資源，因此婚姻締結過程中大多是男方家族主動，而女方家族通常較具有協商的優勢。

　　由於賽夏族具有嚴格的同姓和關聯姓氏外婚禁忌，而且還需要遵守五等親內禁婚的基本法則，因此使得原本就人數

不多的賽夏人，尋找結婚對象更加困難。重重的婚姻限制規則，使得許多主動尋找婚配對象的男方家族，不容易在鄰近村落或族內找到適合婚配的對象。也因為如此，跨族通婚很早以來就是賽夏社會常見的現象。過去經常與泰雅族人通婚，而且大部分是賽夏男人娶泰雅女人；一直到三、四十年前，這種通婚現象都很普遍，許多賽夏家庭內都有泰雅媳婦。另外，也有一些賽夏女人嫁給平地人（客家人）或是平地人入贅賽夏妻家的例子。近年來，由於生活環境改變和交通往來便利，遷居至都市和城鎮工作生活的賽夏人越來越多。最近二十年間，在外自由戀愛結婚成為主要的模式，結婚對象的族群文化背景也更加多元。然而，留在山區聚落的賽夏男子，由於工作和生活形態的落差，尋找結婚對象更加困難，因此近年來也有不少人開始透過仲介，跨越國界娶越南、印尼或中國籍女子為妻。

基本而言，家庭 (taew'an) 是社會最基本的單位。賽夏家庭的組成，主要是以妻子從夫和子女從父居住為原則。過去大部分是三代同住，通常子女成年結婚後即分家，由長子開始逐次向外遷出，在鄰近的土地上另外建造新屋居住，幼子則留在家中與父母同住。傳統對家的界定概念，經常以煮食的空間為象徵，分灶和分食就表示分家。家長，原則上是家中最年長的男性長者，是家庭財產和事務處理的主要決定者，也在舉行儀式時代表家人與祖靈溝通。

由於早期的生業型態，是以燒墾農業為基礎。家庭日常

生活的分工方式，大多是男人負責墾地、劈雜木等粗重工作；
女人負責除草和照顧農作，收穫時由男女共同進行。此外，
男人還從事漁獵、建屋、製作木器和編籃，以及主持祭儀等
工作；女人負責家務、飲食、照顧小孩、飼養家畜，和織布
製衣等。賽夏神話和傳說故事，也不斷灌輸「長幼有序」、
「男尊女卑」、「男獵女織」、或「男主外、女主內」等基本價
值觀。雖然日常生活中大部分工作的運作，是以兩性互補為
彈性原則，不過，賽夏男女分工的界線，其實並不嚴格❷。
例如，狩獵雖然主要是男人的工作，但女人也並非絕對禁止
參與。馬偕牧師 1872 年到賽夏地區旅行時，就曾經看見當地
婦女也拿著火槍與男子一起參加獵隊的活動 (Mackay 1892)。
另外，閒暇時，男人也時常幫忙煮飯或照顧小孩，即使到現
在，許多場合都能看見賽夏男人協助煮食和帶小孩的情景。

　　因此，就實際生活層面的勞動力和繁衍力而言，女人是
具有相當獨特的重要性。而且，經常隨著年紀的增長，賽夏
女人在家庭內的地位以及對家庭事務的影響力也逐漸提升。
隨著當代生活型態的變遷，有時更加凸顯出賽夏婦女是家庭
經濟和日常生活穩定的重要力量。許多賽夏婦女不但每日煮
飯、帶小孩、處理家務、種菜、養雞，還做手工、做生意或
出外工作，忙進忙出維持生活起居作息。近二、三十年來，

---

❷　過去比較嚴格的分工禁忌，是認為織布是女人專屬的工藝技術，
　也是女人建立聲譽的主要因素，男子最好不要觸碰織布工具，尤
　其在出外打獵之前不能觸碰，否則會帶來不幸。

工作趨勢的改變，使得許多年輕夫妻男女都離鄉至城鎮的工廠或公司機構工作，週末和祭典節日才返家團聚，學齡前年幼的子女大多交給留在山區部落居住的祖父母看顧。因此，年長的夫妻，尤其是女人，經常在家中扮演主要看顧者和維繫者的穩定支柱角色。

第二節　性別與異質力量

對賽夏人而言，理想的男女性別角色，可以從賽夏語稱呼男和女的詞彙看出一些端倪。賽夏語稱「男人」為「*kamamanra:an*」，意思是「會走動的人」（「*manra:an*」是「走」的意思）；女人為「*minkoringan*」，意思是「帶小孩的人」（「*korkoring*」是「小孩」的意思）。相對之下，男人是「在外活動」的人，而女人則是「在家帶小孩」的人。表面來看，賽夏這個嚴格的父系社會對於男女的社會限制相當不平衡。男性子嗣繼承父系的財產與權利，包括各種儀式權利；重要的儀式禁忌大多針對女人設限，禁止女人接觸或觀看；在公開聚會場合，女人也很少主動發言表示意見。尤其，過去賽夏採取的「*hinghingha'*」交換婚，直接讓二個不同姓氏的女人透過婚姻交換而改變身分和居所。這種婚姻締結的過程，看起來男女地位極不平等。不過，若是因此認定賽夏女人是被「物化」(objectified) 的交換物，是社會中受男人操弄的附屬品，是被動而沒有力量的，那就是太過輕率和表面

的推論了。

　　賽夏女性的價值和兩性關係的深層意涵，表現在婚姻長期維繫的過程中，尤其是藉由夫妻雙方親屬網絡的互動和權利義務關係反映出來。由於同姓氏者不能通婚是最基本的前提，因此賽夏婦女都是以異姓氏成員的身分嫁入夫家，成為夫家祖靈祭團的成員。然而，出嫁後的賽夏女人本質上仍然與娘家有密切的關係。過去嫁出的女人在離婚或先生死亡後必須回到娘家去住；而且已婚婦女死亡時是由娘家的人來處理屍體，夫家的人，包括她自己的小孩，因為與母親姓氏不同也不能碰觸。雖然這些習俗已經逐漸改變，許多婦女在丈夫死後仍然留在夫家與子女同住，不過已婚婦女死亡入殮時，還是有娘家姓氏的人在場處理❸。

　　因此，在賽夏族這樣的父系社會中，出嫁的女人其實並未從自己原生的父系姓氏群中被割離，女人是帶著自己父系姓氏賦予的生命本質力量，進入不同姓氏的夫家社群生活。同樣地，婚姻締結時，娶得女人的男方姓氏群，也必須接納不同姓氏的女人進入自己的群體，才能獲得新的生命繁衍力量。更重要地，二個不同姓氏社群，在婚姻交換和維繫的過程中，必須藉著生命儀式的舉行，取得雙方姓氏祖先的庇佑，

---

❸　過去女人在配偶死亡後會回娘家居住，現今改變為大部分跟隨子女居住。不過，在通報配偶死亡的回娘家儀式「*malraw*」中，女人娘家的男性代表經常會戲劇性地聲淚俱下訓斥女人的後代子孫，如果沒有好好對待，娘家會將女人接回。

才能融合二個不同姓氏力量，創造和延續新的生命力。

　　賽夏女人婚後與原生姓氏家庭的獨特關係，明顯地在「回娘家」儀式中凸顯出來。許多人從「回娘家」這個名稱，聯想認為這是受到漢人習俗影響而轉借來的。不過，賽夏族的「回娘家」儀式區分的細密程度、儀式過程繁複程度，以及與其他傳統概念整合的深遠程度，都讓漢人社會的「回娘家」望塵莫及。綜合而言，賽夏族的「回娘家」儀式，不但是夫妻雙方親屬維持密切互動往來的重要機制，更是二個不同姓氏社群連結強化和祖先力量具體化的過程。

　　賽夏女人一生當中，通常需要進行多次不同的「回娘家」儀式。透過女人的娘家和夫家共同圓滿完成這些「回娘家」儀式，才能讓女人婚後為夫家繁衍的子嗣平安順利。這些「回娘家」儀式，涵蓋了女人婚後的不同人生階段，也顯示出賽夏家庭和生命繁衍，是建立在女人連結二個不同姓氏生命力的基礎之上：

　　⑴新婚後回娘家「*monSaySa'ip*」：女人出嫁後第三天回娘家的儀式。通常由新婚夫妻和男方的親屬，帶著糯米糕等食物做為禮物帶回娘家。娘家長老向新娘進行儀式性訓話：「日後已經是別人家的人了，即使打架，也不可以隨便回娘家」（小島由道 1917）。

　　⑵生第一胎後回娘家「*mal'az'aza' ka korkoring*」：女人生第一胎滿月之後，無論是男孩、女孩，都會正式帶著新生兒回娘家，並攜帶糯米糕、糯米飯、豬肉和酒等食物為禮。這

圖12 回娘家儀式雙方姓氏長老代表會談

圖13 回娘家儀式獻祭豬肉、糯米糕和酒給祖先

一次回娘家不可以直接進屋，男方要派一位年幼而身體健康的同姓氏男孩拿著糯米飯糰，而女方派一位同姓氏男孩拿著白米飯糰，雙方交換在門口吃完之後才能進門舉行儀式。儀式當天，要由娘家的男性長者向祖先獻食物祭告，並為新生兒貼草 (*paS sem'el*) ❹。

(3)子女成人後回娘家「*maSpalaw*」：這是賽夏族最盛大、也最重要的一次回娘家。通常是在女人婚後所生子女都長大成人時，夫妻二人帶著所有子女回娘家的儀式。這次儀式對女人夫家的幸福有極重要的關鍵性影響，因此一般賽夏人以漢語說「回娘家」時，主要是指「*maSpalaw*」。儀式當天，出嫁女人與夫家親屬，必須準備大量的豬肉、糯米糕、酒，帶回娘家，分送給眾親好友。儀式中要由雙方長老代表獻祭告祖，並且由娘家同姓氏的男性長老為出嫁女人所生的最小孩子行貼草禮 (*paS sem'el*)，再進行儀式性說話祝福回娘家的夫妻，祈求娘家祖靈保佑他們全家健康、順利、平安、幸福和事業成功。由於「*maSpalaw*」的成功與否，關係著夫家後代未來的運勢，因此無論如何一定要做。即使小孩還未長大，出嫁的女人就先過世了，小孩成人後，丈夫還是要自己帶著孩子和夫家親屬回妻子娘家補做「*maSpalaw*」❺。這個傳統

---

❹ 根據田野中報導人的敘述，必須是「日子」好才能舉行貼草。只要回娘家的一個月內，沒有任何喪事或不幸發生，就是好日子。若是日子不好，回娘家當天不做貼草儀式，等到下個月再回來補做。

圖 14　回娘家儀式分糯米糕與豬肉

至今不但維持不墜，並且越做規模越大，帶回娘家的禮物數量越來越多，經常包含一、兩條豬、數十斤糯米糕和酒等；娘家更必須辦桌請客，並回贈為數可觀的禮金給嫁出的女子。

　　(4)過世後回娘家「malraw」：當夫妻任何一方死亡，另一方未亡人在喪期屆滿時，帶著子女和夫家親屬回娘家的儀式。到達時，回娘家的親屬先在門外開始大哭，等待娘家人前來安慰勸阻拉進門去。娘家長者儀式性公開說話表示哀痛：過去有二個人雙雙對對地回來，為何現在僅剩一人回來。但

❺　死後補做的「maSpalaw」儀式，必須在「malraw」儀式做完之後再補做。

是也強調兩家關係不會自此斷裂，並祈求娘家祖靈庇佑夫家小孩。

(5)活到老時回娘家「*ho:rara:ol*」：過去嫁出的女人，在先生死亡後會實際上搬回娘家長期定居；由此也可以看出，在賽夏觀念中，女人本質上還是屬於自己姓氏的成員，在婚姻關係結束之後，女人會返回娘家與自己同姓氏的親人住在一起。不過，後來受到外來觀念和生活型態變遷的影響，現今大部分賽夏女人在老年先生死亡之後不再回娘家居住，而是選擇留在夫家與自己的小孩共同生活。

前面所提的幾種回娘家，前四種儀式性回娘家現今仍然非常普遍地在賽夏社會舉辦，幾乎每一個賽夏家庭只要能力許可，都會盡量辦回娘家儀式。這些回娘家儀式具有通報和確認連結的作用，一方面是向嫁出女兒的娘家姓氏群親屬通報，以及透過娘家男性獻祭者向娘家姓氏祖先通報，知道出嫁的女人在外姓氏家庭中生活的景況；另一方面則是藉著婚姻連結雙方親屬和雙方的姓氏祖先，確認彼此具有和諧穩固的關係。賽夏人相信回娘家儀式的成功，是婚姻順利和後代繁衍成長的重要關鍵。回娘家儀式，可以讓女方姓氏祖先庇佑女人為夫家所生的異姓後代；而娘家同姓氏長輩代表，也經由儀式性的公開「說話」，轉達祖靈訓示，要求夫家必須好好對待嫁出的女兒。

當代的回娘家儀式，通常只有一天，儀式過程中食物扮演很重要的角色。回娘家的前一天，男方先邀集自己同姓親

屬共同打製圓餅狀的糯米糕 (tinawbon)；儀式當天清早帶著打好的糯米糕、一些生豬肉和米酒，與家人一起送到妻子娘家❻。這些食物象徵性地各取一小部分煮熟，由男女雙方分別邀請一位同姓長老代表，二人手拿一小塊糯米糕、一小塊熟豬肉和一杯酒向祖先進行獻祭 (homabos)。其他食品禮物則由娘家的男性親屬幫忙切割成小塊，待儀式結束後分給娘家親友帶回家❼。這些食品禮物，由雙方姓氏代表獻祭的祭詞，可以得知主要是獻給女方祖先的❽。在田野中不時會聽見賽夏人提起妻子或母親娘家祖先到夢中來要米糕或豬肉的故事。不少人舉行儀式時，還經常擔心帶回娘家的食品禮物無法讓祖先滿意，需要再重新舉辦一次儀式。因為賽夏人相信出嫁女人所生的子嗣，需要藉著回娘家儀式得到娘家姓氏

---

❻　近十年來，由於經濟許可和交通改善，回娘家的食品禮物數量越來越多。有些盛大的儀式，如小孩長大回娘家 (maSpalaw)，經常使用超過百斤糯米、三、四頭豬和大量的糯米酒或米酒。

❼　食品禮物在結婚相關儀式當場，並不需要立即作為參與者共同分食的食物，因此主要都是以生冷的形式分配裝袋後帶回家。

❽　回娘家儀式雙方代表獻祭時，祭詞內容大致如下：「baki'、koko" 你們聽到了哦! 我們帶著一點點的東西回來向你們說話」；「tatini'! tatini'! 這個事情辦好了，解決了。你們不可以再因為這些事來找我們了。請你們幫忙，把那些不好的事推到別的地方，讓他們正正常常、平平安安、順順利利」。其中詞句隱約表達出帶回來的東西，懇請娘家祖先認可，希望祖先不要因為不滿意，又再找子孫重辦一次儀式。

祖先的生命力才能平安順利長大，如果娘家祖先對儀式不滿意，可能會造成未來子嗣不幸或發生意外。

另一方面，收到食品禮物的女方娘家，必須準備當天雙方親友共食的午餐。不同於男方送來的傳統食物，現在回娘家的午餐食物相當現代化，多是八至十道菜的漢式辦桌酒席，包括有龍蝦沙拉、生魚片、炒糯米飯、破布子蒸石斑魚、紅燒蹄膀、紅燒雞、炒花枝、炒青豆和燉排骨湯等，無論食物種類和口味都與過去賽夏食物有很大差距。最近十幾年間由於大部分賽夏家庭的經濟能力改善，回娘家儀式越做越大，許多盛大的回娘家儀式辦桌酒席超過十五桌。有些賽夏人因此抱怨回娘家的風俗變質，辦桌的花費開銷太大，造成娘家

圖 15　回娘家儀式辦桌

的經濟負擔。但即使如此，賽夏人為了出嫁的女兒或姊妹後代的平安幸福，仍然配合舉辦回娘家儀式。藉著回娘家儀式中男方贈送的食品禮物，以及女方準備的辦桌午餐食物，不但增強男女雙方姓氏群成員的互動往來，同時也反覆界定雙方相互的權利義務關係。

綜合而言，回娘家，可說是賽夏族生命儀禮中最受重視和盛大發展的儀式，不同階段的回娘家儀式，是以女人結婚之後的生命歷程變化為主軸。繁複而不可缺少的回娘家儀式，顯現出女人婚後社會角色的變化，對於這個嚴格的父系社會極為重要。賽夏婚姻是透過女人作為媒介，連結了二個不同姓氏家族。婚姻連結的二個不同姓氏家族，在婚姻交換和延續的長期過程，必須藉著不斷的食物交換、獻祭和共食等過程，取得女人祖先的庇佑，才能融合二個不同姓氏的力量，創造和延續新生命。女人生育的子女雖然繼承夫家的姓氏，但仍然需要透過女人取得娘家姓氏祖先力量的保護，才能平安順利成長。因此，就婚姻長期互動的層面而言，賽夏女人不但是日常家庭生活的穩定支柱者，也是跨越姓氏界線的連結者，持續透過儀式促使娘家與夫家互動。更重要的是，女人具有的異姓特質，正是嫁到夫家後孕育繁衍後代和延續生命的關鍵力量。

第三節　生命力與貼草

前面提到，婚姻交換過程中，賽夏女人是帶著異質力量的異姓氏者。女人帶著自己父系姓氏祖先賦予的生命力，進入夫家生活並繁衍後代。女人孕育的新生命，基本上是與不同姓氏生命力的結合。賽夏人對於生命本質與生命力轉換的一些獨特觀點，從懷孕、出生命名和收養等相關禁忌和處理原則可以看出。由於賽夏族是人口很少的小族，生育子女是大家的期待，多子多女更是賽夏家庭普遍的理想。在這個父系社會，不但希望有兒子傳承，女兒也相當受到喜愛。孩子的出生不但是家族，也是姓氏祭團關心的大事❾。因此，對於孕育中的生命，賽夏人極為謹慎看顧，也伴隨有許多特別的禁忌。許多懷孕相關的禁忌，是為了小心保護胎兒，讓胎兒健康：例如不可使用缺口的碗、不可以吃獵物的內臟、不可以吃雞頭、或不可以到別人家借火種等。不過，另一方面，有些禁忌則輾轉反映出孕育中的新生命具有特殊的破壞力：例如孕婦不能觸及弓箭和獵具，以免打獵失敗，或是懷孕婦女與丈夫不能參加祭儀或碰觸儀式物品等。

賽夏語稱懷孕為「*oma:iSi*」，不過賽夏人通常害羞不願意直接說懷孕，而是含蓄的說「*omahoe:iS ka hapoy*」（「惡

---

❾　過去將無婚姻關係所產的私生子視為親族之恥，生雙胞胎亦視為不祥。

火」的意思）；據說是因為懷孕的婦女「身體笨重」
(imaS'iri::-ka-basang)，後來轉用「aewhay ka hapoy」（火不
好）作為隱稱（小島由道 1917；趙正貴 2009: 257）。這種說
法，一方面是因為懷孕到分娩的階段是污穢不潔的，另一方
面也因為懷孕是危險的。因此，賽夏祭儀進行時，經常要求
懷孕者需要遵守特別禁忌，而且禁忌限制的對象，不僅是針
對懷孕的女人，而是同時包括夫妻二人。例如，懷孕的夫妻
不能參加祖靈祭沾水禮、不能參與儀式食物的準備和烹煮、
不能觸碰儀式中的神聖器物、不能觀看特殊的儀節（如送矮
靈時的折榛木）等。這些禁忌同時投射出雙向的保護作用，
一方面保護母親體內孕育的新生命，另一方面也反映出孕育
中的新生命對於儀式的神聖性具有破壞力。

　　新生命的誕生，要經過一系列的象徵性行動加以內部化
和社會化，這些行動再次強調異質力量的結合，也反覆凸顯
家族祖先的神聖力量。雖然時代變遷，但是一些基本象徵仍
然在當代生活中延續。嬰兒出生後，過去要在二、三天內派
使者通知娘家，通常是由嬰兒的父親帶著自己兄弟或堂兄弟
的小孩作為通報使者，使者必須與嬰兒的父親同姓，與嬰兒
同性別，而且身體健康沒有受傷。如果出生的嬰兒是男孩，
就帶著箭頭和一團糯米飯，如果是生女孩就帶著一束麻線和
一團米飯。來通報的小孩到娘家門口時，與娘家派出的同姓
的小孩使者，默默地在屋外交換贈禮和吃完糯米飯或米飯。
這樣的儀式主要在長子或長女出生後舉行，希望讓小孩快快

長大，男孩擅長射箭、女孩擅長織布。現在雖然電話通訊管道發達，但儀式性向娘家通報的程序仍然不可少，不過有時與第一胎滿月後回娘家儀式合併舉行，而且只由雙方派使者在娘家門外交換糯米飯或米飯吃完。

出生後的新生兒，經過命名儀式，並且參加第一次祖靈祭餵食米飯（甘藷或芋頭）時，由族長叫孩子的名字，並向祖靈獻糯米糕和酒為孩子祝福（如果是女孩則由祖母祝福），此後孩子才算正式成為父系姓氏祭團內的一員。通常新生兒是在五、六天左右臍帶頭掉落之後，由家長為他命名，因為賽夏人認為臍帶頭掉落後才真正成為人。前面提過，賽夏人命名的原則為「襲祖名、連父名」；名字的正式稱呼方式是在個人名字後面，加上父親的名字。例如：名叫「*taro' a 'oemaw*」的男子，表示他個人的名字叫「*taro'*」，他父親的名字叫做「*'oemaw*」，而「*taro'*」也是他祖父輩親屬的名字；通常說話時經常加上「*a*」作為「*taro' a 'oemaw*」。

命名時一定要避諱與父兄或母姐同名；長男、長女直接承襲直系祖父、祖母的名字，次子女則選擇其他祖先名字。但是意外死亡者的名字一定避開不用，而另以身體健康的祖輩親屬名為名。如果小孩在成長過程中多病痛，也經常有更換名字的習慣。另外，男女的名字互有差異，不可混用。基本上，賽夏族命名的原則，除了藉用身體健康或聰慧幸福的人的好名字，為新生兒帶來好運之外；更重要的是，它具有生命傳承的象徵意涵。事實上，許多賽夏人認為傳承祖先名

字不只是象徵，更是一種實質性的傳承。借用賽夏人的說法，這種命名方法，將孩子的名字連在父親的名字上面，表示孩子像是在父系樹枝上發出的新芽，延續生長，而承襲祖名的方式，則表現出生命不斷循環的觀念（古野清人 1945；林修澈 1997: 32；王永馨 1997: 90）。

為新生兒命名的儀式非常簡單。在命名當天早上，由家中同姓氏的長者到屋外院子，摘取一束稱為「kati'azem」的草，再用容器取一杯流動而潔淨的山泉水或溪水。為嬰兒進行命名儀式的長者抱著嬰兒到屋外，面向太陽升起的東方，然後摘下三片草葉，口中含著山泉水或溪水，將草葉沾一點水，一片貼在新生兒的額頭、一片貼在右頰、一片貼在左頰，然後將口中含的水，噴在嬰兒的臉上，嘴裡唸唸有詞說出祝福的話：「現在命名你叫××。很好！很好！別哭，快點長大」。這個簡單的儀式過程稱為「paS sem 'el」（「sem 'el」是生長之意），如此就完成命名。幾個月後，新生兒第一次參加祖靈祭時，再由長輩抱著孩子向同姓祭團的主祭進一杯酒，並且在獻祭糯米糕等食物給祖先時，抱起小孩讓小孩做出獻祭的樣子，稱為「am Siba:i' ka baki'」，意思是「讓祖先吃」。經過這個過程以後，嬰兒才正式被認定成為同姓氏祭團的一員。

新生兒命名的「貼草」（paS sem 'el）儀節，所用的草賽夏語稱為「kati'azem」，直接漢譯就是「靈魂草」的意思。賽夏語的「'azem」一般是指人活著時候的靈魂，是思想、意識

圖 16　採摘靈魂草 *kati'azem*

和記憶的中樞，賽夏人認為「*'azem*」主要藏在人的頭部和胸部，人會作夢就是因為「*'azem*」溜出體外去遊蕩、或與別人的「*'azem*」交談。從現代植物學的角度來看，「*kati'azem*」草是一種繖形科 (Umbellifera) 植物，正式學名稱為 *Hydrocotyle sibthorpioides* Lam.，一般俗名稱之為天胡荽。這種草是生活環境中普遍可見的一種綠色小草，在路邊或水溝、溪流旁等濕潤地方，經常可以看見它到處匍匐蔓生，它的葉子小而圓，具有繁衍茂盛、生長迅速和終年常綠等物質特性。基本上，「*kati'azem*」草顯而易見的一些物質特性，經過儀式的運作，在賽夏社會中轉換成為帶給個人成長、興旺和強大生命力的關鍵象徵。

　　「貼草」除了運用「*kati'azem*」草的物質象徵之外，還

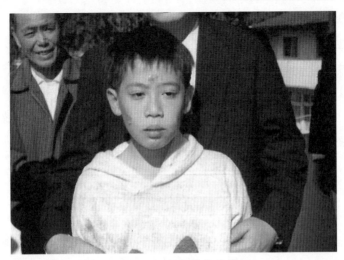

圖 17　回娘家儀式貼草

需配合其他多種具有類似性質的自然象徵，發揮共伴效力。例如，進行「貼草」的時間一定要在早上（中午之前）；貼草的時候，必須面向太陽升起的東方；而且，貼在臉上的草葉，一定要沾著流動的溪水或山泉水。這些不同的要素，都明顯具有成長、旺盛和動態生命的特質，也因此轉借成為促進生命興旺成長的象徵力量。更重要的是，經由引入新生命的同姓長者將水含在口中，沾水後再將草葉貼在被命名者的臉上，將同姓長者的身體物質也融合在水中一起放在被命名者的身體上，具有象徵內化和實質傳遞身體物質的作用。

換言之，「貼草儀節」不但表達出賽夏人對生命和「靈魂」的基本觀念，也明顯運用多種自然象徵符碼，借用類同

的物質象徵，將自然特質轉化為生命成長的關鍵力量。同時，也透過一連串的象徵行動，表達將外來生命力內化的意圖。因為如此，許多重要的賽夏生命儀禮，如結婚新嫁娘入門、第一胎小孩出生後回娘家、子女成年後回娘家、收養與認義子女等，儀式過程中都需要藉由「貼草」的儀節，作為生命過渡和轉換的機制。

第四節　收養與收義子女

異質力量對生命成長的重要性，在普遍進行的收養活動中也充分表現。大體而言，賽夏人的收養可以分為二種類型：一種是真正的實質性收養，是讓被收養的小孩永遠離開原生家庭，到收養家庭居住生活，並改姓收養家庭的姓氏，將來可以繼承收養家庭的財產與權利。另一種則是名義性或儀式性的收養，這種收養主要是請養父母為未成年的養子女改名以便順利成長，並不需要真正離開原生父母到養家居住生活，由於類似漢人的認義子女，因此後來賽夏人也常稱之為「收義子女」。

實質性的收養，過去非常普遍。由於子孫茂盛繁衍是賽夏家庭所追求的理想價值，不但沒有子女的家庭會收養小孩來傳承，已經有子女的家庭也經常喜歡收養小孩以增加子女的數量。通常為了傳承家庭命脈的收養，會優先考慮同姓近親的小孩，不過外姓氏或外族的小孩也是常見的收養對象。

被收養的小孩，進入養家一起生活之後，會由養家的一位長者為養子女正式命名，並且在第一次參加祖靈祭時向養家的祖先祭告，過程類似新生兒。收養同姓的小孩稱為「'ina'olo」，收養外姓氏的小孩稱為「pina-korkoring」。賽夏人普遍認為經由「pina-korkoring」的方式收養外姓氏小孩應該要付出代價，因此過去收養外姓氏的小孩，最好的方式就是買賣交換，否則可能會有不吉利或不幸事故發生。另外，賽夏人以前也經常在出草或戰爭後，收養父母被獵殺的泰雅族或漢人孤兒。十九世紀至二十世紀初，常見到賽夏人購買漢人小孩來做養子女的例子，早期史料記載的一些著名賽夏頭目，如日阿拐、絲打尾或張有淮等人，都是賽夏人所收養的漢人子嗣。

由於實質性收養的風氣過去非常興盛，因此所謂的賽夏族，其實包含不少外族子嗣的後裔。雖然單就血緣而言，收養來的外族小孩可能並非賽夏人，不過他們都合法承襲了賽夏「姓氏」，也透過命名儀式取得收養家庭祖先賦予的生命力。更重要的是，被收養的子嗣長期在賽夏家庭的生活經驗中，接受賽夏文化的價值觀，採取賽夏人的行動模式，因此大都認同自己是賽夏人。雖然許多族人都知道哪些人是收養子嗣，有時也區別一些權利的傳承權，不過基本上收養來的孩子都被認定是賽夏人。近幾十年來，隨著現代法律制度和生活型態的變化，現今真正的實質收養行動已經逐漸減少。

另一方面，除了實質性的收養之外，還有一種名義性或

儀式性的收養行動在賽夏社會更加普遍風行。直到現在，幾乎每一個家庭都還在進行儀式性的收養活動。儀式性的收養與實質性的收養不同，而是一種名義上的收養，並不需要實際改變居住關係，養子女也沒有繼承養家的權利和義務，當然也不會登記在戶口名簿上。儀式性的收養，賽夏語稱之為「Somorangi'」，主要目的是為身體較弱或不好帶的小孩，找一個異姓氏的養家，請養父母為小孩取一個養家傳承的賽夏名，藉著異姓氏祖先的力量，以保護小孩平安長大。這種收養關係強調的是，透過名字、禮物交換，以及參與養家的祖靈祭共食，取得異姓祖先的力量。

「Somorangi'」的收養關係，賽夏人會解釋為類似漢人「收義子女」。不過，大部分賽夏人對話時，仍稱之為「小孩給某某人養」或「小孩給某某姓養」。建立了儀式性收養關係的雙方家庭成員，彼此是以賽夏語互稱「rangi'」。而且，儀式性收養關係是有特定的時間性，「Somorangi'」所收養的小孩，在小孩長大上高中後、當兵和結婚之前，一定要經過「minobih-ka-rangi'」（還義子女）的儀式結束收養關係，這樣才能將養子女的生命繁殖力還給原生家庭。

「Somorangi'」（收義子女）的儀式過程非常簡單，養父母不需要特別準備食物或禮物，只在儀式當天的清晨太陽升起之前，帶著靈魂草到被收養的小孩家中，為小孩舉行貼草和命名儀式，並且象徵性地在小孩房間屋樑掛上一枝茅草，象徵為孩子搭建個房子讓他睡在下面受養父母家庇佑，就可

以完成。相較之下，「*minobih-ka-rangi'*」（還義子女）的儀式較為隆重，被收養的小孩家，需要打製糯米糕送給養父母，並且辦桌宴請養父母；養父母要贈送一套衣服給收養的子女，現在有些養父母也贈送黃金首飾或手錶作為紀念。結束儀式性收養關係，最重要是為了讓已經平安長大成人的小孩改回原來的名字，為自己姓氏家庭繁衍後代。因此，「*minobih-ka-rangi'*」儀式之後，雖然名義上收養關係終止，但是養父母與養子女家庭之間長期以來建立的親密感情聯繫，卻並不會隨之結束。

賽夏社會至今仍普遍進行的「*Somorangi'*」儀式性收養，表面看來與女人的姓氏祖先似乎沒有什麼關連。不過，實際進行的時候，如何找到理想的異姓氏作為儀式性收養的家庭，賽夏人通常採取的方式是，先透過靈媒詢問小孩母親娘家姓氏的親屬是否適合收養；如果答案是肯定的，再逐一詢問小孩母親的兄弟、堂兄弟或同姓氏親屬中哪一家願意作為小孩的「*rangi'*」；如果娘家同姓親屬並不適合，再依序詢問小孩祖母等其他姓氏家庭。換言之，在「*Somorangi'*」過程中，女人是行動背後潛在的異姓氏連結關鍵媒介。事實上，無論是實質的收養或儀式性的收養，都呈現出賽夏人對生命繁衍的基本想法：「貼草」和命名，是為新生命或外來生命取得姓氏祖先認可和保護的必要步驟。

從結婚、回娘家和收養等生命儀式，我們可以看見賽夏人反覆運用三種特殊的象徵行動，強調二個異姓家庭的連結

關係,並強化生命轉化與成長的動力:

⑴貼草儀式 (paS sem 'el): 在結婚、回娘家(第一胎小孩出生、子女成年後)、和收養等儀式過程,都需要將靈魂草葉沾水後,分別貼在上額和兩頰等部位,希望為被貼者帶來成長、平安和健康。這個行動具有認定新成員和姓氏祖先賦予成長力的意義。

⑵長老代表對談儀式 (ha:ha:ong): 幾乎所有涉及二個不同姓氏家族參與的生命儀禮,如訂婚、結婚、回娘家、收還義子女等,都包含雙方代表公開對談的過程,主要由雙方邀請善於言辭的同姓氏長老為代表,分別向自己的姓氏祖先祭告,互相對談協商、喝酒解決過去兩家族的糾紛並祝福未來。

⑶交換或分食豬肉與糯米糕: 在許多不同儀式如結婚、回娘家、還義子女等,都藉由交換傳統食物為禮物,以此凝聚二個不同姓氏家族和姓氏祖先之間的關係。上述的三種象徵行動,反覆在不同的生命儀式中運用,透過不斷重複的行動,凸顯出賽夏生命成長的動力,與自己姓氏祖先賦予的力量、夫妻雙方姓氏祖先之間的溝通,以及夫妻雙方姓氏親屬連結的維繫,具有密切關連。

綜合而言,賽夏生命是建立在男女結合,以及雙方背後二個不同姓氏的持續良好互動基礎之上。賽夏社會的動態建構,不斷地透過男人與女人、我群與他者、同質與異質力量的結合而形成。女人作為婚姻交換關係中的移動者與異姓者,是異質生命力引入的重要來源。雖然賽夏家庭的傳承是以男

性為主軸，但女性卻是透過婚姻而連結二個姓氏的關鍵角色，經由女人娘家而獲得的異姓祖先力量，也是影響後代夫家子嗣平安健康成長的不可或缺因素。透過婚姻、命名和收養等活動，可以看見女性和異姓在賽夏社會的獨特力量，也凸顯不同層次的男／女、同姓／異姓、我群／他者，以及同質／異質力量的區辨與結合，反覆在每一個賽夏人的生命成長過程中發揮重要作用。

第五章
信仰祭儀與文化實踐

　　信仰與祭儀，超越生活世界的不斷變遷，為賽夏人提供了相對穩固的神聖空間和理念框架，以及聚集族群成員和再現文化象徵符號的行動舞臺。對於賽夏人而言，過去祖先傳下來的各種傳統習俗統稱為「kaspengan」，其中與儀式有關的「kaspengan」最為嚴肅而神聖，儀式相關的各種要素或象徵行動，都是與祖先建立連結的重要管道，必須要謹慎遵守，小心維繫。本章將從信仰與祭儀的角度，呈現賽夏文化在變動中持續不忘與過去連結的特性。

第一節　祖先與神靈的超自然力量

　　賽夏人的超自然信仰主要是建立在祖靈信仰的基礎之上。在日常對話時，賽夏人多半使用「tatini'」一詞來指稱信仰的對象。賽夏語中，「tatini'」可以具有不同層次的意義，一般常用來形容「老的」、「舊的」東西，也具有「值得尊敬的」含意。隨著場域的變化，「tatini'」指涉的具體對象可以不同。在儀式情境中，它是用來稱呼神靈的詞彙，不但用來指稱祖靈，也包含矮靈 (baki' taii)、雷女 (wa:en)、龍神

(*baki' Soro:*) 等各種賽夏傳說中的神靈，或具有靈力的超自然存在。另外，「*tatini'*」一詞也常用來稱呼主祭家中保存的儀式神聖象徵物，或是外來宗教的神靈，例如供奉的漢式祖先牌位或基督教的上帝，也可稱為「*tatini'*」。

　　日常情境中，賽夏人對五、六十歲以上的長者，或是已經當祖父 (*baki'*)、祖母 (*koko'*) 的人，也通稱為「*tatini'*」。相對地，「*baki'*」（祖父）或「*koko'*」（祖母）也經常作為祭祀的神靈「*tatini'*」的替換稱呼。總之，「*tatini'*」的概念跨越了賽夏／非賽夏、有生命／無生命、或生／死的界線，包含許多不同型態值得尊敬的存在。「*tatini'*」在翻譯成中文時，經常被稱為「長輩」、「老人家」或「祖先」。賽夏人大多相信「*tatini'*」具有特殊力量，可以影響賽夏人的生活。一方面可以保佑大家獲得平安興旺，另一方面也可以降罪而使人發生意外、病痛或不幸。因此，各種賽夏儀式都強調與「*tatini'*」的聯繫溝通，也在儀式的祭詞中反覆表達大家沒有忘記「*tatini'*」，希望「*tatini'*」不要怪罪，並且進一步保佑大家繁榮興旺。

　　「*tatini'*」（先靈）的概念，拿來與另一個名詞「*habon*」（死靈）對比，可以更清楚其含意。賽夏人認為死後的靈有善、惡之分，正常壽終而死的人成為善靈，意外凶死者成為惡靈。「*habon*」可以廣義地指涉所有死去的靈魂，而活人的靈魂稱為「*'azem*」。不過，一般狹義的用法「*habon*」指恐怖的鬼靈，而信仰儀式崇拜的對象主要是好的靈，因此要尊稱

為「*tatini'*」。對於死去的自家親人和祖先，也嚴格的區分善死和凶死二種，祖靈祭時需要分開獻祭，向東方獻祭給善死者，向西方獻祭給凶死者，二者必須謹慎地維持差異和距離，不可以混淆。

對於「*tatini'*」的崇拜和敬畏表現在各種生活層面。由於「*tatini'*」是保護或責罰賽夏人的超自然力量，決定和影響在世者的禍福吉凶，因此各種賽夏祭典以不同的「*tatini'*」作為祭祀對象，在特定時間由特定姓氏負責舉行，以祈求風調雨順、作物豐收和生活平安。祭典中，將酒、肉和米糕等食物放在地上獻給「*tatini'*」是最基本的儀節；平時出門到外地、在山上過夜、或有人請客送禮時，也會用手指沾酒簡單地告祭。

此外，賽夏人探詢生病、事故原因、或決定重大祭儀時間，會透過巫術與「*tatini'*」溝通。用細竹管和巫珠與祖靈溝通的竹占巫術「*rarhaep*」過去曾普遍使用。進行占卜時，女巫師坐著將細竹管夾在兩腿膝蓋間，一手拿著黃色玻璃珠（後來多改用黑鉛珠或鋼管珠）放在竹管上，邊唸咒語邊用手搧放在竹管上的巫珠。如果巫珠靜止「黏」在細竹管上不掉落下來，表示問的訊息正確；如果巫珠掉落表示訊息錯誤或無法溝通。根據賽夏耆老們的說法，竹占是向外採借來的巫術，其他族群現在幾乎都不再用這種巫術，但是用「*rarhaep*」竹占與祖靈溝通，目前仍然是賽夏族決定祈天祭時間不可或缺的步驟。然而，由於現今會做竹占的巫師越來越少，不少老

圖 18　女巫師示範竹占巫術
rarhaep

人非常憂心竹占的傳承問題，將會影響以後祭典的順利進行。

第二節　外來宗教的吸納與轉變

在邊界區域的特殊歷史脈絡下，賽夏人很早就開始與外界密切互動，接受不同管道的外來影響。在日常生活層面，賽夏族隨著不同時代潮流和政經情勢而調適變化的現象特別明顯，因此一百多年前就在文獻記錄中被界定為早已漢化的族群。但是，相對於日常生活模式的快速轉變，賽夏族的信仰與祭儀則經常被外界認為特別保守而迷信。許多人對於賽

夏族的印象，多半侷限於其獨特而神秘的祭儀，尤其是巴斯達隘祭典——矮靈祭。

　　事實上，賽夏人的宗教信仰，過去曾經受到不同外來宗教的影響而改變，例如，不同時期傳入的漢人民間宗教和基督宗教。特別的是，不同於其他臺灣原住民族群現今都已大規模改信基督宗教，賽夏人則大部分在改宗多年之後，又紛紛脫離基督教。目前賽夏人普遍祭拜「*tatini'*」，熱切地舉行和參與各種傳統祭儀，同時也吸納多種漢人民間信仰元素，並且祭拜漢人神明。

　　由於漢人移民約在二百年前已進入賽夏區域開墾定居，因此漢人信仰的影響很早就進入當地原住民生活中。二十世紀初期的日本調查報告指出，當時許多賽夏人已經在家中使用漢式祖先牌位。現今的賽夏家庭，更加普遍在家中正廳設置和祭拜祖先牌位。除了少數虔誠的基督教家庭之外，賽夏家庭幾乎都設有漢式神桌，桌上供奉祖先牌位，牌位上寫著姓氏祖先的通稱，如「堂上×姓歷代祖考妣之神位」，每天由媳婦供奉茶水。賽夏人主要借用客家人的說法，將拜祖先牌位稱為在家拜「阿公婆」。祖先牌位雖然是漢文化元素，但卻能與賽夏原本的祖靈信仰相互呼應。賽夏族原本有傳承祖靈籃的習俗，放置在各姓氏族長家屋中，祖靈祭當天取下使用。據說日本時代統治者以迷信為由，強制賽夏人停止祖靈祭和丟棄祖靈籃，透過設置漢式祖先牌位來祭祖，反而成為另一種強化祖靈關係和祖靈溝通的形式。

圖19　賽夏家庭內供奉的祖先牌位

　　另外，賽夏人也普遍接受漢人的土地公信仰。在賽夏居住區域內，幾乎每一個聚落都有土地公廟，賽夏人也採用客家說法稱之為「伯公廟」。根據2006年的調查，南賽夏地區約有十九間、北賽夏地區有九間伯公廟，密度相當高。賽夏聚落內的伯公廟或福德祠，有些是客家人建的，有些則是賽夏人自己集資興建的。雖然大部分伯公廟（或福德祠）的規模不大、建築形式也很簡單，但卻深入賽夏人的生活作息當

圖 20　南庄鄉蓬萊部
落內的伯公廟

中。根據耆老的說法，因為受到鄰近客家人的影響，一百多年前已經有族人開始拜伯公。由於族人相信伯公可以保佑農事順利、家人平安，並且保護部落居民，因此平時下田工作之前、或農曆初一、十五等日子，都會到伯公廟拜伯公；遇到開工等特殊事情，還會準備祭品和酒祭拜（雅衛依・撒韻2008）。總之，供奉祖先牌位和拜伯公，早已內化成為賽夏人日常生活的一部分。

　　由於漢人民間宗教的神明觀，經常可以與賽夏族的祖靈或「tatini'」信仰並存而不互斥，因此不少漢人信仰元素，逐

漸被吸納併入賽夏信仰體系當中，例如許多賽夏人也參與周邊漢人寺廟的活動。南庄地區有不少賽夏和漢人（客家人）混居的聚落，區內漢人廟宇主要供奉三官大帝，如東村的永昌宮（1905 年建）、南江村的永承宮（1973 年建）、東河村的永聖宮（1975 年建）、和蓬萊村的七星宮（1975 年建）等。這些廟宇雖是當地客家仕紳倡議興建，但不少賽夏家庭也捐香油錢、資助立碑、或參與建醮，有些賽夏人還輪流擔任爐主。其中如 1905 年創建的永昌宮，位處南庄鄉行政和商業中心區，香火最旺、規模也最大，每當宮廟舉行大醮時，附近賽夏人也常受邀而成群結伴去吃拜拜。吃拜拜的熱鬧經驗，成為許多人過去生活記憶的一環，也顯現賽夏人與鄰近漢人朋友和親屬，交織出的複雜社交互動圈（鄭依憶 2008）。

北賽夏地區則因長期處於山地管制區，與漢人混居的情況較不普遍，不過當地人也對漢人拜拜有深刻印象。附近最大的漢人信仰中心，是供奉觀音和媽祖的北埔慈天宮（1848年興建），過年迎媽祖遶境和中元拜拜等活動是每年舉辦的地方盛事❶。過去遶境的鑼鼓隊會鑼鼓喧天地遶行市街，最遠到達賽夏族居住的四十二份和煤礬坪一帶。據說遶境的目的，

❶ 據傳廟中最早供奉的觀音像，是金廣福墾首姜秀鑾 1835 年從大陸迎來祀奉。原本因為開墾初期時常與附近原住民戰爭，設廟以祈求保佑墾民和隘丁能夠平安。後來廟中併祀媽祖、五穀神農先帝、文昌帝君、三山國王、三官大帝、註生娘娘、義民爺、城隍爺、灶君爺與福德正神等等諸神。

圖 21　南庄街上的永昌宮

原本是漢人要讓山區原住民遠遠聽見震天的鑼鼓聲，達到驚嚇的效果，但後來卻成為當地賽夏人共享的記憶。一些賽夏長者回想過去生活時，經常提起師公叮叮咚咚繞境的熱鬧聲響，以及拜拜時下山向客家人分紅粿、或吃竹筍稀飯等難忘經驗。由於長期累積和分享漢人寺廟宗教經驗，許多相關的儀式物品和儀節，如燒香拜拜、香爐、燒紙錢、擲筊、神壇、乩身、宮廟等，後來陸續都被採借成為賽夏新興宗教的元素。

　　除了漢人民間信仰之外，基督教也曾一度在賽夏社會具有很強的影響力。不過，不同於其他許多原住民社會，基督教並沒有成為現今賽夏族的主要宗教信仰❷。賽夏社會曾歷

經大規模改宗，卻又紛紛離教的過程。根據文獻記錄和口語記憶，基督教大約在 1940 年代左右開始傳入賽夏聚落，1960 至 1970 年代影響極盛時期，當時大多數賽夏人都皈依長老教和天主教。雖然在日本時代已有長老會傳教士由南庄地區進入傳教，不過 1950 年代東河部落一位賽夏族人開始擔任宣教師後，賽夏信徒才逐漸增加。後來隨著信徒越來越多，賽夏聚落內陸續設立教會，例如東河長老教會、東江長老教會、蓬萊長老教會、五峰長老教會等。天主教則是二次

圖 22　南庄鄉東河長老教會

❷　臺灣原住民各族中，賽夏族和卑南族信奉基督宗教的人口比例最少。根據 1998 年資料統計分別是 25.89% 和 25.94%；參考雅衛依・撒韻 (2008)。

大戰之後傳入。1956 年從五峰地區開始，當時天主教在賽夏社會發展非常快速，教友急遽增加。根據五峰天主堂的領洗名冊資料，傳入第一年五峰地區領洗教友約 427 人，其中賽夏教友約 123 人。至 1970 年代，賽夏族領洗人約 410 人，其中趙家最多共 187 人、其次是朱家共 168 人、再其次為高家共 43 人，這三姓家族教徒合計 398 人，幾乎超過領洗人數的90%（簡鴻模 2004）。

　　1960 年代末期到東河與向天湖聚落調查的民族學者陳春欽，親眼目睹賽夏人改信基督宗教的盛況。他在記錄中提到，當地只剩幾戶人家還沒有改信基督教，因此非常憂心地認為，賽夏傳統宗教信仰與祭儀應該不久之後會全部消失（陳春欽 1967）。不過，出乎意料地，許多已經改信基督宗教的賽夏人，1980 年代以後逐漸離開教會，回復祭拜祖靈和舉行傳統祭典儀式。此後，到教會參加禮拜或彌撒的賽夏人越來越少，原本賽夏聚落的天主教堂和長老教會也日漸衰落。目前南庄地區固定到長老教會參加禮拜的賽夏人，只有幾個特定姓氏的家族，如三角湖的風家、大湳的根家等。天主教的狀況也類似，東河天主教堂和蓬萊天主教堂都已關閉，僅剩少數賽夏教徒，偶而到南庄天主堂與客家人一起做彌撒。五峰地區現在還有較多天主教徒，但是與過去曾高達九成以上族人是教徒相比，如今也已降到約 17% 的人口比例，而且許多信徒也同時回復參加傳統祭典和祭拜祖靈（簡鴻模 2004；雅衛依・撒韻 2008）。

　　至於賽夏人為何在 1980 年代逐漸離開教會，不再繼續基督教信仰，可能與二方面因素有關。一方面是先前改信基督教的動機，不少人追溯 1950 和 1960 年代改信基督宗教的原因，提到「西洋教經常分發麵粉、奶粉、牛油、和衣服。在以前吃地瓜和小米的時代，那是非常吸引人的物資。民國六〇年代以後，補給品慢慢停止，信徒也漸漸減少。補給品停止是因為教會裡的人不再熱中向總會申請了。一方面是因為這些物資沒有那麼吸引人了，一方面是因為物資分配不均造成信徒的不服。」不過，救濟品的吸引力和需求動機減弱，只是其中一個因素，另一方面的因素則是改宗後對「*tatini'*」的虧欠和恐懼心理：許多賽夏人反覆提到，改信之後，因為沒有祭拜「*tatini'*」，造成家裡發生了許多意外和不平安。許多人提到後來選擇離開基督宗教，主要是為了回去祭拜「*tatini'*」。其中長老教會由於嚴格禁止信徒舉行祖靈祭和參加矮靈祭等祭典，影響最大；相較之下，天主教比較寬鬆，信徒可以在家拜祖先或參加傳統祭典，有些賽夏長老教徒後來因此改信天主教。現在雖然有些賽夏人不再定期到天主堂參加彌撒，但仍自稱是天主教徒，而且在家中設置供奉祖先牌位的神桌上，同時也放著十字架或聖母像。

　　綜觀而言，外來宗教對賽夏社會的影響，是與臺灣大社會政經環境的變動相互關連而且不斷牽扯波動。不過，穿越表面的變化和波動，賽夏人最關切的基本問題，仍然是如何持續與祖靈或先靈溝通、如何透過傳統祭典，祈求家庭成員

的平安健康和順利發展。換言之，舉行傳統儀式與祭拜祖靈和先靈，是獲得平安和順利的關鍵因素。這個核心目標和潛在理想，可以說明為什麼不少漢人民間宗教元素被吸納進入賽夏傳統祭儀，為什麼賽夏人改宗信基督教後又大規模出走，以及為什麼賽夏傳統祭儀1990年代以後越來越蓬勃發展。

第三節　傳統儀式的復振與創新

前面提到，許多賽夏傳統祭典曾經在日本統治時期和改信基督教期間，被視為迷信而被迫停止或是大幅縮減規模，不少儀式相關物品也被丟棄或流失。但是，有些賽夏祭儀，如祖靈祭和巴斯達隘矮靈祭，即使在外在強制禁止壓力最強大或外來宗教勢力最興盛的時期，仍然並未中斷，只是縮小規模或潛藏舉行。1980年代左右，賽夏人陸續開始恢復舉行傳統祭儀。不少人參與舉辦賽夏傳統儀式，但同時也供奉漢式祖先牌位、到漢人廟宇祭拜、或參加教堂聚會。1990年代中期以後，隨著臺灣的政治解嚴、經濟發展和地方文化意識抬頭，賽夏傳統祭儀復振的聲勢越來越興盛，基督宗教的影響力也越來越式微。許多賽夏傳統儀式都重新恢復或更擴大舉行，甚至結合外來漢人民間宗教的元素，轉型發展出一些新興的傳統祭儀，如祭拜龍神、帝那豆祭、鎮風祭、雷神祭等。

儀式傳統的延續和復振之所以仍然在當代社會成為備受

關注的焦點，因為賽夏人認為按照祖先方式舉行的祭儀，是維繫與「*tatini'*」溝通和緊密連結的關鍵管道，而「*tatini'*」的保佑與否，又決定了賽夏人的命運禍福。因為如此，祭儀不但是最能凸顯文化特性的場域，也是凝聚認同的關鍵機制，經由相關的神話傳說和獨特的儀式象徵，基本的文化價值和觀念反覆再現，同時透過具體行動的實踐過程，不同姓氏群體交錯分工不斷構築出緊密的社會關係網絡。

目前賽夏社會舉行的傳統祭儀，除了規模最大、參與人數最多的巴斯達隘矮靈祭 (*paSta'ay*) 之外，還包括祖靈祭 (*paSbaki'*)、祈天祭 (*'a'owaz*)、播種祭 (*pit'aza'*)、帝那豆祭或火神祭 (*tinato'*)、和祭拜龍神舒魯 (*baki' Soro:*) 等儀式。這些祭儀主要環繞著祖靈信仰作為核心，但也涵蓋對於其他不同神靈的祭拜。除了有關巴斯達隘矮靈祭的內容將放在下一節說明之外，其他幾個重要的祭儀，其內涵特性和意義大致如下❸：

㈠祖靈祭 (*paSbaki'*)

祖靈祭是賽夏人最根本的祭祖儀式，現今各家族仍然每年按時舉行。這個祭典不需要穿傳統服飾、沒有歌舞儀節，也很少讓外人參與。祖靈祭是由各個姓氏祭團分別舉行，參與者主要是同姓的父系血緣群成員。通常居住在同一聚落或地區附近的同姓家戶成員，共同組成一個祭團，稱為

❸ 參見鄭依憶 (1987: 35)；陳淑萍 (1998: 58)；潘秋榮 (1998: 25)；胡家瑜 (1999: 22)。

「*paSbaki'an*」。祭典的主祭是由祭團中一位男性族長擔任，祭儀就在主祭的住屋舉行。賽夏祖靈祭，每一年舉行二次，過去是配合農作的播種和收穫而進行，第一次約在 6 月間稻米播種完成後，第二次約在 12 月間所有作物收穫入倉完成或者巴斯達隘祭典舉行完畢之後，確定日期由各個祭團自行訂定。生業型態和生活節奏改變後，祖靈祭雖然仍在同樣的時節舉行，但是大多配合訂在週末假日。祖靈祭由於僅限各祭團成員參加，外顯性不高，因此外界注意較少，但是對賽夏人而言，持續舉行祭祀表達對祖先的追念和對傳統的重視，至今仍是基礎且最重要的任務。

不過，祖靈祭進行的方式和具體內容，卻曾因應時代的變化而調整。根據日本時代的民族誌記載，過去各姓氏祭團都擁有一個代代相傳的篾編祖靈籃，祖靈籃裡裝有黑蜂巢 (*sa'ang*) 和一支木製祭匙 (*kap'azemos*)，平時懸吊在主祭家屋的樑柱上不許碰觸，祭典時由主祭取下篾籃，拿出籃內的祭匙裝滿清水，用右手食指沾杯內的水，逐一沾在祭團中所有男女老少的唇上 (懷孕婦女除外)，剩下的水由主祭喝完，不可以倒掉。這個沾水禮，是讓祭團內每一位成員獲得祖先保佑，同時也具有清點人數、認定家族成員身分、和象徵全家人一條心的意義。籃裡的蜂巢也會拿出來讓成員逐一碰觸，讓大家黏在一起 (古野清人 1943: 339)。據說祖靈祭和祖靈籃在日本時代被認為是迷信而遭到警察禁止，許多祭團的祖靈籃當時被迫丟棄或因藏匿而遺失。但是，祖靈祭並未因此

而停止或被遺忘，賽夏人反而將相關儀節，轉換為其他方式表達。

現今的祖靈祭團除了向天湖風姓祭團之外，幾乎都沒有祖靈籃，也不再行沾水禮或觸摸黑蜂巢。不過，祖靈祭仍然每年定期舉行二次，仍然是聚集各祭團成員祭祀自己姓氏祭團祖靈最核心而關鍵的祭典。目前祭儀過程主要包括：(1)祭團男性成員輪流打製糯米糕 (*tinawbon*)；(2)男性代表到屋外獻祭，將酒和豬肉獻給祖靈 (*homabos*)，一位向東獻給善死的祖先，一位向西獻給凶死的祖先；(3)祭團成員中午聚餐，以傳統蹲在地上用手抓食的方式吃飯，吃糯米糕、鹽水煮豬肉、炸魚、青菜湯等傳統食物，以示緬懷祖先和對延續傳統

圖 23　祖靈祭時 *paSbaki'an* 成員以傳統方式午餐

的重視。過去儀式中沾水或觸摸黑蜂巢的儀節，改成祭團成員輪流打製糯米糕，藉糯米的黏性，象徵家人黏稠不散的凝聚力；另外也藉著點名分豬肉和糯米糕等食物，清點家族人數和表達對人口繁衍興旺的期望。

㈡祈天祭 (’a’owaz)

祈天祭是祈求風調雨順、驅除疾病和平安豐收的儀式。根據日本時代的記錄，賽夏族過去有許多不同的祈求天候變化儀式，例如祈晴祭 (kapa-azao)、祈雨祭 (kapa-ural)、祈鎮風 (kapa:ri)、和驅疫祭 (kapa:ra) 等，這些祭儀都由潘姓 (Sa:wan) 擔任司祭（小島由道 1917: 39、40；古野清人 1945: 359）。不過，1960 年代（民國四、五十年間）的文獻記錄提到，各種祈求天候變化的儀式已合成為一個祭典，統稱為「祈天祭」(um‘ewal kakawaS)（陳春欽 1968: 105）。

祈天祭主要祭祀對象為女神「哇恩」(koko’ wa:en)，傳說中的雷女，也是小米種子的傳播者。現在祭典是每年農曆三月十五日左右舉行的全族性祭典，一年舉行大祭，另一年舉行小祭，主要配合該年是否要舉行矮靈祭而有不同❹。大祭為期三天；小祭則僅一天。近年來為了讓外出的族人能夠多返鄉參與祈天祭典，祭典也開始盡量訂在週末假日舉行。雖然祈天祭的過程也因現代生活而變化，但並未影響傳統精神

---

❹　舉辦巴斯達隘祭典的當年舉行祈天祭的小祭，不舉辦巴斯達隘祭典那一年則舉行大祭。

和核心象徵的延續。例如，這個祭儀仍是由潘姓 (Sa:wan) 擔任主祭，並且延續以白色小貝珠 (Siloe') 和小米獻祭的特色。大祭的程序如下：(1)祭前協商，以竹占巫術請示祖靈擔任捧獻祭品的潘姓男子代表；(2)正式祭典第一天，各姓氏長老在南河的東岸舉行河邊會談 ('a'iyalaho)；(3)第二天在河邊殺豬，各姓氏長老代表以豬肉和酒獻祭祖先，並在河邊午餐；(4)第三天族人聚集在蓬萊大滴的祈天祭祭屋內，進行祭典最重要的小米和貝珠獻祭儀節。獻祭前，參與族人聚集在祭屋內，祭屋的門窗緊閉，族人在屋內分食小米飯糰、糯米糕和豬肉時不能喝水。傍晚時，獻祭者捧供品和手持盛裝有七片「rikar」樹葉、烤熟小米和小貝珠的米簍，主祭和各姓長老持豬肉串和酒，到祭場旁竹林向東祝禱祭告祖先後將獻祭品放在地上。獻祭結束後，獻祭代表回祭屋途中不可以回頭，否則儀式會失效。祭儀結束後，各部落來參與的族人不可多

圖 24　祈天祭河邊殺豬

圖 25　祈天祭獻祭小米

逗留，要盡快離開祭場回家。小祭的過程比較簡單，沒有到河邊會談和殺豬等儀節，只需準備和處理獻祭品，以及聚集族人到祭場並將祭品獻給祖先（潘秋榮 1999: 66-77）。

㈢播種祭 (*pit'aza'*)

　　現今仍持續舉行的賽夏傳統祭儀當中，播種祭是較不普遍的儀式。這是農作正式開始之前祈求播種成功和豐收的儀式，大約在每年春天 4 月左右舉行。與其他傳統祭儀不同的是，播種祭並非由一個特定姓氏固定擔任主祭，也不是全族性的儀式，而是以部落 (*'asang*) 為單位，聚集部落內各家戶共同舉行的儀式。播種祭的籌辦和舉行，每年輪流由部落內

一位不同姓氏的男性家長擔任主祭。過程包含：⑴主祭家事先預備藜酒和糯米糕等食物；⑵祭典當天凌晨十二點過後，由主祭代表部落內各家戶到一塊整理好的自己田地中進行儀式性播種。播種必須由主祭秘密進行，不能讓外人看見。過程很簡單，主要是由主祭帶著小米種子、藜酒和糯米糕到祭田，撒下小米種子並獻祭祈求明年整個部落的農作生長順利成功，最後在田中豎立一支特別直挺的茅草 (*bengez*) 即告完成；⑶播種結束後，主祭回到家中，各家戶代表各帶一塊糯米糕摸黑前來主祭家，與主祭家準備的糯米糕放在一起，並且輪流與主祭共杯合飲藜酒；⑷天亮時，大家一起分食各家戶帶來的糯米糕，以及主祭家準備的藜酒和食物；⑸最後離開時，各家戶各帶回一塊主祭家準備的糯米糕，作為播種成功的象徵。

播種祭過程中，紅藜 (*'iri:*) 釀的藜酒 (*pina'iri:*)、糯米糕和茅草 (*bengez*) 是不可或缺的物品。儀式進行時，在祭田插豎茅草 (*bengez*)，表示保護作物順利成長；各家戶代表到主祭家與主祭合飲藜酒，代表一起分享主祭家的福氣；另外，各家戶帶來自家打製的糯米糕,經過主祭的重新分配和共食，表示大家交流融合建立起部落的整合關係。

這個儀式的籌辦，不同於其他賽夏傳統祭儀是以姓氏為基本單位，而是強調跨越血緣和姓氏界線，達到建構部落認同的作用。現今隨著農業在賽夏社會的經濟重要性逐漸減低，主要作物也變成經濟作物而不是穀物，大部分賽夏部落已經

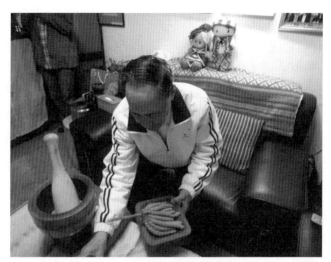

圖26 播種祭主祭準備的小米

圖27 播種祭釀藜酒使用的紅藜

停止舉辦播種祭，目前只有南庄的向天湖部落仍持續在每年清明後的一、二個星期內舉行播種祭❺。原本向天湖部落居住的四個姓氏（風、朱、芎、解）後裔，雖然許多家戶後來遷至其他聚落或城市定居，但各家戶仍然有不少人特地回來參加儀式，也願意輪流擔任主祭籌辦儀式。現在播種祭祈求播種成功和作物豐收的功能已經減低，但是延續文化傳統、分享祖先福氣、世代傳承、和聚落成員交流互動的重要性更加被強調。近年來，由於不少家戶的經濟收入普遍增加，主祭經常在祭儀完成後的清晨，安排相當豐富的食物，邀請前來參加的族人和親友共同聚餐。

㈣帝那豆祭 (tinato')

「帝那豆祭」，是 1990 年代儀式復振時期興起的祭典之一，主要是由過去的獵首祭轉變而來。過去獵首行動主要是在每年作物收割後至播種前進行，獵首隊伍出發之前，會先到趙（豆）姓 (Tawtawazay) 主祭家聚集，舉行獵首儀式「paSara」，祈求祖靈保佑行動成功。祭祀時，主祭從家屋樑柱取下一個稱為「tinato'」的儀式用火器袋，從袋內拿出傳承的打火石起火，由散發出的火星方向預測獵首的地方。儀式之後，隊員各自攜帶分出的火種回家，讓婦女取火蒸煮小

---

❺ 另外，新竹五峰的朱家莊也還舉行播種祭，但是改為元旦舉行，由於部落成員不再務農維生，播種祭的舉行更強調分享福氣，並且藉著交換禮物交流感情。

圖 28　祭屋中供奉的帝那豆 *tinato'*

米搗製米糕，作為出外遠征時攜帶的糧食（小島由道 1917: 183；衛惠林 1965: 23-24）。

　　過去進行的獵首行動，從出發前祈求保護、獵首成功、至回來安置敵首靈為止，需要舉行一系列的相關儀式。在獵首習俗停止之後，相關儀式因為失去實際作用，大部分逐漸中止。獵首祭中斷很長一段時間後，現今轉型成為安慰被獵敵首靈、祈求平安的帝那豆祭 (*tinato'*)。當代的帝那豆祭儀，將過去獵首祭主祭趙（豆）姓負責保存和傳承的「*tinato'*」火器袋，轉變成祭祀的神聖對象──火神，同時也作為當代祭典的名稱。目前的「帝那豆」祭典，在每年的農曆二月十五日舉行，仍然是由新竹五峰大隘的趙（豆）姓主持，其他全族各姓氏都派代表參加。

㈤祭拜龍神舒魯 (baki' Soro:)

1990 年代起，在許多賽夏祭儀的復振發展過程中，「baki' Soro:」龍神舒魯扮演了關鍵性的角色。「baki' Soro:」是過去卡蘭祭 (karang) 的轉型再現。卡蘭祭原本是春、夏之交，天氣多變時舉行的儀式，由夏姓擔任主祭，透過稱為「Soro:」（舒魯）的靈界動物力量，達到治病和天氣轉晴的效果。傳說中，「Soro:」是一隻像狗一般大、有四隻腳、身上有美麗花紋的蛇形動物，早期文獻稱之為靈蛇，但現今賽夏人尊稱祂為「龍神」。「Soro:」與北賽夏的夏姓 (Haeyawan) 和解姓 (Karkarang) 有密切關係。據說原本祂住在夏姓屋內的火塘邊，非常喜歡吃火灰而懼怕水，後來祂在一次涉溪時不慎溺死，骨骸被分為二半，頭骨由解姓長老保管但後來遺失，尾骨則由夏姓長老保管。夏姓保管傳承的「Soro:」尾骨，是過去卡蘭祭 (karang) 的重要象徵，賽夏人認為祂非常靈驗，可以治病和祈晴❻。

由於日本官方禁止和改信基督教的關係，造成卡蘭祭儀式中斷，夏姓保管的「Soro:」骨灰也因此被遺忘很長一段時

---

❻ 據說原本夏姓與解姓在一起舉行祖靈祭，Soro: 蛇骨是兩姓祖靈籃內所盛的神聖物；當兩姓分祀時，蛇頭由解姓長老保管，蛇尾由夏姓長老保管。其中夏姓保管的蛇尾骨用來祈求天晴、止住久下不停的雨非常靈驗。後來夏家失火，被燒成灰的蛇骨又以布包好，仍放入籃中祭祀；參考小島由道 1917: 10；古野清人 1943: 359；陳春欽 1966: 162。

圖29 賽夏五福宮

間。據說在 1980 年代末期和 1990 年代初期，一位夏姓男子因為身體不適，透過漢人乩身瞭解是「Soro:」想要出關濟世，因而找出藏匿的骨灰來恢復祭祀「Soro:」，並且幫忙「Soro:」辦事。由於前來求助的人越來越多，1990 年時在頭份正式開辦「五福龍賽堂」，供奉「Soro:」骨灰；2003 年搬遷新址後改名為「賽夏五福龍神宮」❼。此後，「baki' Soro:」定期在自己的漢式神壇和宮廟顯靈辦事，為人治病和解決疑難，許多生病或有疑問的賽夏人或外族人都前來求助。

❼ 賽夏信徒的解釋為：以五福為名是因為除了主祀的神靈「baki' Soro:」之外，還配祀有五個與過去天候祭儀有關的神：雷神、雨神、風神、雪神和雲霧神。

　　目前五福宮是以道教寺廟的名義登記立案，設立有管理委員會，由各姓氏的賽夏人組成。不過，宮主和乩童仍是由夏姓擔任，信徒主要也是賽夏人。每年農曆二月二十五日龍神「舒魯」萬壽，會舉辦法會活動。當代的龍神信仰出現不少新的變化。例如，「Soro:」從具有法力的靈界動物，轉為人格化的「神明」，並且尊稱為「baki' Soro:」，賽夏語原意為「舒魯公」。此外，儀式中採借了許多漢人道教的元素，如神壇、燒香參拜、燒金紙、乩童、神靈附身、道服打扮、打坐、訂定賽夏神靈壽誕時間和階序對照表、設令旗和宮廟進香等。更重要的是，雖然五福宮的信徒絕大多數是賽夏人，但它已經從原本的傳統祭儀，發展成為制度化的族群宗教信仰。另

圖 30　賽夏五福宮神座中央供奉的 *baki' Soro:*

一方面，五福宮作為一種特殊形式的復振，基本上仍強調原本儀式的一些神聖元素，例如「*baki' Soro:*」嗜食火灰、怕水、具有強大的治病能力，而且現今夏姓仍然傳承「*baki' Soro:*」的儀式主持權力，宮主和乩童都是由夏姓男子擔任。

「賽夏五福龍神宮」的發展，更進一步激發了其他賽夏祭儀的復振和新傳統的創造。例如趙家（豆家）主持的帝那豆祭 (*tinato'*)、風家主持的鎮風祭或神醫哺噥祭 (*baki' bo:ong*)、 或是芎家主持的雷神比哇祭 (*baki'bi:wa'/ koko'bi:wa'*) 等，都是受到五福宮的影響和協助而興起。最近十年間，龍神信仰和五福宮持續衍生擴展工作，開始提供多種道教民俗服務，例如點光明燈、安太歲等，並且培養了二十多個道教神佛和賽夏神靈附身的乩身；除此之外，也曾經歷天王龍神乩身出走和設立其他分堂（福合堂與福慈堂）等複雜過程❽。由於賽夏族龍神舒魯信仰的發展，兼具傳統復振和道教化過程，近期成為不少研究者有興趣探究的新議題。

綜合而言，賽夏的傳統祭儀，大都隨著時代環境的變遷而歷經起伏變化。對照二十世紀前、後期的資料，可以看出重要祭儀的名稱、內容和作法都經過調整或轉變（表4）。進一步分析，我們可以發現大部分祭儀在轉變中，仍然持續轉型再現一些的基本文化概念。其中最被強調和最穩固的儀式要素包括：祭儀主持權與特定姓氏的緊密關連性，祭祀對象

❽　參考雅衛依‧撒韻 (2008)。

與神話傳說中特定「*tatini'*」的連結，以及祭典舉行的時間和歲時節奏關係。

表 4　賽夏傳統祭儀與當代祭儀對照表

1910 年代祭儀	時間	主祭	2000 年代祭儀	時間	主祭
鎮風祭 *'oemoewaz ka pa'li'*	風災發生時	風	*鎮風祭／神醫哺噲祭 *baki' bo:ong*	農曆 1/20	風
獵首祭 *pasara*	收穫後播種前	豆	*帝那豆祭 *tinato'/katehtel*	農曆 2/15	趙(豆)
蛇尾卡蘭祭 *komana' karanggg*	久雨不停或疾病流行時	夏	*龍神舒魯萬壽 *baki' Soro:*	農曆 1/25 和 2/25	夏
祈雨祭 *'oemoewaz ka pa'oral*	春季天候不佳時	潘	祈天祭 *'a'owaz*	農曆 3/15	潘
祈晴祭 *oemoewaz ka pa'azaw*	春季天氣不佳時	潘			
驅疫祭 *'oemongiyo' ka ba:la*	疫疾流行時	潘			
播種祭 *pit'aza'*	陸稻播種前	聚落各家輪流	播種祭 *pit'aza'*	農曆 2、3 月	聚落各家輪流
播種祖靈祭 *paSbaki'*	播種後	各姓氏	播種祖靈祭 *paSbaki'*	農曆 4 月	各姓氏
			*雷神比哇祭 *baki'bi:wa'/ koko'bi:wa'*	農曆 6/18	芎

| 矮靈祭
PaSta'ay | 穀物入倉後的月圓日 | 朱 | 矮靈祭
paSta'ay | 農曆
10/15 | 朱 |
| 收穫祖靈祭
paSbaki' | 秋收後 | 各姓氏 | 收穫祖靈祭
paSbaki' | 農曆11月 | 各姓氏 |

(* 表示為 2000 年以後復振的新傳統祭儀)

　　最近十多年間，賽夏祭儀蓬勃發展，不但規模越來越大，參加人數越來越多，一些已經衰微或中斷的祭儀也開始復出。例如，1990 年龍神舒魯 (*baki' Soro:*) 開始復出，隨後在龍神舒魯的協助下，趙家也在 1995 年重建祭屋，並恢復在農曆二月舉行「帝那豆祭」(*tinato'*)。此外，「*baki' bo:ong*」（神醫哺嗡）在 1997 年復出，「*baki' bi:wa'*」（雷神比哇）也在 2001 年開始。這些新興的傳統祭儀，將「*tatini'*」的概念逐漸朝著具象化、個體化，甚至神格化的方向發展。

　　當代的賽夏祭儀，也採借了一些漢人民間宗教的觀念和物品。例如，五福宮內除了供奉龍神舒魯 (*baki' Soro:*) 之外，也放置其他道教神明如觀音、虎爺，以及賽夏神靈如雷女「*koko' wa:en*」（古固哇恩）、矮靈「*koko' ta'ay*」（古固達愛）和「*koko' towai*」（古固督外），以及「*tinato'*」（帝那豆）等一起陪祀。當然，有些不同於傳統的新作法，例如將不同祭儀中祭祀的神靈放在一起供奉並祀、排列賽夏神靈的位階❾，

---

❾　五福龍賽堂的「眾神位階表」列出的賽夏相關神靈排序為：古固哇恩 (*koko' wa:en*)、叭基達茂 (*baki' tamao*)、叭基阿祿 (*baki' aro*)、古固游澳 (*koko'yoao*)、古固達愛 (*koko' ta'ay*)、古固督外

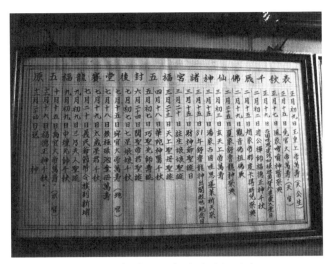

圖31 賽夏五福宮的諸神誕辰表

以及透過附身或通靈等的溝通方式，也引起一些族人的疑懼和議論，認為與賽夏的祭儀姓氏分工傳統或神靈觀念差距很大。不過，不少支持者則認為祭儀表面形式的改變，只是因應現代需求，恢復或加強賽夏人與 *tatini'* 的聯繫關係才是舉辦各種祭典的根本目的。總之，祭儀復振與新創的多樣面貌，再一次凸顯賽夏社會經常將差異、矛盾或雜音同時吸納並存，以及賽夏文化在流動變化中延續的特性！

(*koko'towai*)、叭基舒洄 (*baki' Soro:Soro:*)、新新啦喉 (*sinsin r'aehae'o*)；參見潘秋榮 (1998: 128)。

第四節　「巴斯達隘」祭典與認同的建構

賽夏族現今舉行的各種祭儀中，規模最盛大、禁忌最多，過程最繁複的是「巴斯達隘」(paSta'ay)，也就是外界俗稱的「矮靈祭」。這個祭典伴隨著神秘的傳說和獨特的儀節，是賽夏人認為最神聖，且不能忘記或改變的祖先傳統。同時，也是外界學者關注最感興趣的研究議題，以及大眾媒體和遊客最好奇和印象深刻的原住民祭典之一。

「paSta'ay」（巴斯達隘）一詞的賽夏語原意，是「祭祀達隘」的意思。前面提到過，「達隘」(ta'ay) 是傳說中賽夏人的鄰族，祂們是具有強大法力的矮人，教導賽夏人種植陸稻、織布和舉行祭儀等重要技術，但是「達隘」也經常欺負和侵犯賽夏人。不甘受辱的賽夏人後來施展計謀，讓「達隘」跌落河谷摔死，僅剩下三個逃過一劫的「達隘」長老，祂們在憤而離去前告訴賽夏人，往後必須定期舉行儀式祭祀「達隘」，才能免除災難。賽夏人和「達隘」的恩怨和約定，千百年來透過祭典的舉行而不斷重現與化解。

「巴斯達隘」祭典的性質和目的，與其他原住民祭儀有很大差異。一方面，它祭祀的主要對象並不是祖靈，而是與賽夏人有複雜矛盾關係的「他者」。另一方面，它並不是歡樂慶祝的祭典，而是帶有贖罪與和解的意圖，需要戒慎恐懼進行的祭典。除此之外，巴斯達隘祭典的展演形式相當獨特，

它延續的時間很長，而且規模非常龐大，需要動員全族共同參與。同時，祭典吟唱的祭歌，詞意深奧難解、曲調哀怨動人；過程中運用許多禁忌和奇特的象徵物，傳達豐富的文化訊息。

巴斯達隘祭典，目前每二年舉行一次，每十年舉辦一次大祭，分別在苗栗南庄的向天湖祭場和新竹五峰的大隘祭場二個地點舉行。祭典時間是在秋末冬初，大約 11 月底至 12 月初，農曆十月十五日前後。根據長老們的說法，過去每年在陸稻收成後的月圓日都舉行一次祭典，而且是全族聚集在同一個祭場共同舉辦。祭典舉行的地點，隨著賽夏聚落和主祭居住地點的遷移，變換過許多次，族人記憶中最後一次全族聚集在一起舉行的祭典，大約是一百多年前，地點在新竹五峰和苗栗南庄交界山區的「isasa」。日本時代，因為統治者要求巴斯達隘祭典縮小規模和縮短時間，因此改成二年一次，並且分開在二地舉行。不過，即使在日本強制政策最積極的時期，或是基督教勢力最興盛的時期，「巴斯達隘」祭典都未曾中斷或停止，賽夏人一直遵守著約定，定期舉行儀式祭祀「達隘」。

巴斯達隘祭典，現今是由南、北二個祭團，分別在向天湖和大隘二個祭場舉行。祭典雖然在南、北分別舉行，但籌辦時二群卻必須聚在一起協商、相互配合與銜接，才能順利完成祭典。南、北兩群的祭儀細節安排有些微差異，但是結構順序和儀式精神完全相同。基本上，南群的祭典早一天開

圖 32 巴斯達隘祭典過程中南北群在南庄河邊聚會

始與結束,而且主祭可以製作蛇鞭在祭場使用;北群的祭典則晚一天開始和結束,因此最後祭典結束的河邊送靈是在北群完成。這種銜接式的祭典安排,賽夏人認為展現出二地之間兄弟關係和相互合作必要性。

巴斯達隘祭典的儀節非常複雜,祭期時間延續將近一個多月,大致可以分為祭前準備、正式祭典和祭後酬謝等三個階段。各個階段的主要過程如表 5。

表 5 巴斯達隘祭典各階段主要儀式程序表

階段／時間	主要儀節	相關步驟過程	儀式象徵與禁忌
(一)祭前準備: 祭典前 1 至 2 個月	1.結芒草約期 kakawaS/ papoe'oe'	祭典前一或二個月,南、北祭團長老代表相聚協商祭期 (kakawaS),由	祭團成員開始可以練唱祭歌,

		雙方主祭按照約定的日期打芒草結(papoe'oe'),相互交換後帶回,每天剪一個芒草結直到祭典開始。每屆聚會協商的地點輪流在南群或北群的祭屋互換,一次在南庄向天湖,一次在五峰大隘	並繫上芒草結,遵守祭典相關禁忌
結期後1週	2.祭典籌備會 *tatil'wan mahrahraeng*	祭期確定之後,南、北祭團各自召開祭典籌備會,討論工作分配和經費籌備等事	
約祭典前1週	3.南、北二群河邊大會 *'a'iyalaho*	祭典前十日左右,南、北二祭團共同主持,各姓氏長老代表聚集在南庄附近大、小東河交流處,協調討論籌備狀況。協調會結束後,中午由主祭領唱祭歌	當天主祭分給各家戶一個芒草結帶回家,保護各家戶不受矮靈傷害
(二)正式祭典:正式祭典共六天五夜。前二天的活動不對外開放,第三天起連續三夜是通宵歌舞儀式,公開讓外界參與或觀看,也是祭	1.祭祖 *homabos*	祭典第一天,正式迎靈的前一天。早上八、九點各姓氏長老代表到祭屋聚會調解恩怨和贖罪,族人在祭場分割豬肉和內臟。各姓氏長老代表手持串有豬肉的竹籤和裝酒的小竹杯,朱姓主祭捧著放有小貝珠的竹籃,一起到祭場東方祭告祖靈。 獻祭結束後,將切割好的豬肉分給各家戶作為	祭屋中,朱姓主祭開始為族人做告罪調解 (*sinsinamol*)

典儀式的高潮		「pakSa:o'」（迎薦矮靈）的食物	
	2.迎薦矮靈 pakSa:o' (roma:ol kiSra:olan)	早上各姓氏祭團分別舉行「pakSa:o'」迎薦「達隘」(koko' ta'ay)。天將亮時，二位媳婦在長老指導下推出綁有芒草的杵臼，到屋外搗糯米去殼，全體面向東方唱第一首招請歌「rara:ol」迎靈。中午前將準備好的糯米糕，豬肉、魚和酒等食物，放在地上宴請「達隘」前來一起享用 傍晚由主祭朱姓領唱，族人至祭場歌舞會靈(kiS-ra:olan)，此夜不穿傳統服裝，也不邀外族參加，只能唱「rara:ol」、「gagaro:i」和「kabavalai」三首有延請意涵的歌	「pakSa:o'」的地點，除主祭朱姓在祭場的祭屋之外，其餘各姓氏祭團分別在舉行祖靈祭的族長家舉行
	3.娛靈本祭 kiS-tomal	正式歌舞第一天。傍晚太陽下山後，族人穿著傳統服飾來到祭場，由領唱起音唱歌帶大家緩緩走出祭屋，進行正式歌舞儀式 歌舞行進時，各姓氏青年男子代表扛著鮮豔高聳的姓氏肩旗(kilakil)，在隊伍行列中間穿梭舞動	巴斯達隘祭典最搶眼的象徵物，例如姓氏肩旗、蛇鞭、臀鈴或十年大祭祭旗，都在當天到達祭場

	歌舞者行進間，南群主祭家族不定期在祭場使用編製的蛇鞭 (babte:) 驅散雲霧。 午夜十二點，所有歌舞活動暫停，南群主祭和風姓長老站在臼上訓話 (komawas)，眾人肅立唱「wawa:en」祭歌。訓話結束後恢復歌舞儀式至天亮	
4.逐靈 papatnawasak	正式歌舞第二天。傍晚六點左右，族人再度到祭場聚集歌舞，整夜熱鬧歡愉，通宵達旦至天明。此夜反覆唱完第一至十一首祭歌，表達追念之意，並祈求讓族人事業順遂、五穀豐收和風調雨順 北群的主祭和長老晚一天在當晚十二點進行臼上訓話	
5.遣靈 papatnaoloraz	第三天的正式歌舞儀式，傍晚起繼續在祭場徹夜歌舞；午夜之後，逐漸開始遣歸歌舞，曲調逐漸轉為哀傷、淒涼。由於祭典即將結束，旅居在外地的族人盡量會在這一晚趕回參加	
6.送靈 papa'oSa	祭典最後一天清晨時分，唱完最後一首祭歌	

「*papa'oSa*」，並跳完催歸之舞，祭典歌舞儀式全部完成

早上進行送靈儀式。清晨，祭屋內朱姓及女婿開始製作糯米糕。歌舞儀式停止之後，開始進行一系列繁複的送靈儀式；其中運用許多象徵行動和豐富變化的物質隱喻，具體展現賽夏人團結合作將「達隘」向東方送走離去的意象。送靈的過程主要如下：

- 饋糧 (*pasi'ael ka taai*)：歌舞結束後，主祭朱家媳婦抱著用月桃葉包的小米糕從祭屋快速跑出，將米糕丟在祭場東方，作為矮靈離去時回程的食物

- 砍竹梢 (*paSlawlaw*)：祭場中放置一個小米籩，內盛糯米糕、酒和二把佩刀，朱姓和另一姓氏男子二人，蹲下用佩刀分食糯米糕、喝酒後，跑步離開祭場去砍竹梢

- 塗泥 (*poSama:*)：朱姓和另一姓氏男子，將一個綁有二條蛇鞭

的大米簍沾滿泥漿，用米簍在婦女的背上塗泥治病

- 棄芒草：塗泥後，二名媳婦拿芒草、二名男子拿塗泥的米簍，以及另二名男子拿回竹梢，依序奔跑拿到祭場東方丟棄。奔跑中，兩側人群手中拿著月桃葉包的石子和身上拿下的芒草結，一起向跑者投擲

- 伐榛木 (*marika Sibok*)：之後，一名朱姓和其他三名不同姓氏男子帶領祭場所有男子，面向祭屋排成數排，高亢的唱歌舞動，歡送四名男子出發砍伐榛木。等待榛木歸來期間，年輕男子先用竹竿試跳

- 墜梢：榛木取回來後，綁上數十個芒草結，架在屋頂和支架上，讓年輕男子跳躍拔芒草結。在眾人吶喊和跳躍中，折墜樹梢向東方丟棄

- 折榛木：由朱姓長老牽起第一次參加拔芒草結的年輕人的手試

		跳，最後由本次祭後慶功宴 (*pas-linraw*) 的爐主 (*sapang*) 家男子拉下榛木，所有男子一擁而上將榛木折成小段向祭場東方丟棄送走矮靈	
(三)祭後酬謝：祭典結束當天上午	1.犒賞 *homa:ong linraw*	送靈活動結束後，在場眾人共同分享主祭朱家準備犒賞大家的糯米糕和酒等，慶祝儀式順利完成	
祭典結束當天下午	2.答謝慶功宴 *pas-linraw*	祭典結束後當天下午，由最後拉毀榛木架者在家設宴，酬謝主祭朱家給予來自「達隘」的「福氣」	
祭典結束第二天下午	3.河邊送行 *paSoSowow*	祭典結束後次日，族人至五峰上坪溪上游河畔送靈和慶祝。南群長老代表也到五峰一同為「達隘」送行和同樂	

　　「巴斯達隘」儀式的結構和程序，輾轉表達動態延續和接合的特性。南群向天湖祭場的正式祭典，比北群大隘祭場早一天開始；南群先迎矮靈，等北群開始娛靈時，南群逐漸開始逐靈，將「達隘」送往東方的五峰大隘。最後，等到五峰完成送靈後次日，還有一同到五峰上坪溪河邊送靈的儀式，讓「達隘」最後如同祭歌所唱「沿河而行向東離去」，如此祭

圖 33　巴斯達隘大隘祭場歌舞儀式

典才真正圓滿完成。南、北儀式時間的落差，使得二地的祭典在差異中接合，形成一個連續的整體。另外，從娛靈本祭 (kiS-tomal) 開始的歌舞儀式，都是從傍晚日落開始，進行到第二天日出後結束。每一夜的歌舞，實際上都持續跨越了二天，而且大致以子夜為界，歌舞型態開始逐漸變化，強調日夜跨越的對比與銜接，也是祭典的重要環節。雖然「巴斯達隘」儀式的細節因應時代變化而有些微調整，但整體而言，儀式的精神、目的、結構、禁忌和關鍵象徵，並沒有太多改變，因此賽夏人認為這是保存最好的祖先傳統。

綜觀而言，巴斯達隘祭典是最外顯的賽夏文化實踐和展

演場域。這是唯一具有公開歌舞儀式的賽夏祭典，其他如祖靈祭、祈天祭、播種祭、龍神祭等都沒有歌舞展演，舞蹈由祭團全體族人共同參與，配合祭歌的旋律和速度快慢繞圈而動。祭歌根據傳說是「達隘」傳授給賽夏人的，也是最重要的祖先遺產❿。由於「達隘」傳授的祭歌，具有贖罪和解除災難的神聖力量，因此伴隨許多禁忌，非祭典期間不能吟唱。全部祭歌共有十六首、三十四節、二百二十九句，極為冗長且詞意深奧，不容易理解和詮釋，祭歌唱得好的人，往往備受讚賞且享有社會聲響⓫。

　　巴斯達隘祭典還有許多神秘的禁忌，以及運用多種奇特搶眼的儀式象徵物，傳達不同層次的文化象徵和神聖意涵。例如芒草 (’oeso’) 是在祭典期間保護賽夏人不受「達隘」作祟侵犯的關鍵物，其他還有十年大祭祭旗「Sinaton」、蛇鞭

---

❿　祭典歌舞的進行主要是在祭歌吟唱的帶領下，引導舞蹈隊伍的節奏和轉折停頓。據說「達隘」傳授祭歌並要求賽夏人定期舉行祭典以消除災難時，最先學會祭歌的是朱姓 (Titiyon) 祖先，因此朱姓成為祭典的主祭。

⓫　巴斯達隘祭歌具有史詩般的敘事內容，以及獨特的形式結構。歌詞內容蘊含豐富的植物意象，每一節都以一種植物的尾音押韻；全部歌詞涵蓋至少二十八種植物，包括香楠、李、酸藤、山漆、山棕、芭蕉、苦楝、小米、稻、山萵苣、水流柯、箭竹、山豬肉樹、鹽膚木、山紅柿、白茅、山枇杷、黃藤、芒、楓香、薊、魚腥草和臺灣赤楊等（林衡立 1956；胡台麗、謝俊逢 1993；林修澈 2000；朱鳳生 2000）。

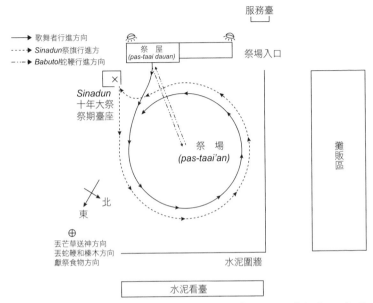

→ 歌舞者行進方向
┈┈▶ *Sinadun*祭旗行進方向
┈·┈▶ *Babutol*蛇鞭行進方向

祭屋
(pas-taai dauan)

祭場入口

Sinadun
十年大祭
祭期臺座

祭　場
(pas-taai'an)

服務臺

攤販區

北
東

⊕
丟芒草送神方向
丟蛇鞭和榛木方向
獻祭食物方向

水泥圍牆

水泥看臺

圖 34　南庄向天湖巴斯達隘祭場與儀式象徵物運作行徑示意圖
（參考鄭依憶 2004: 80 修改）

「*babte:*」、姓氏肩旗「*kilakil*」和臀鈴「*katapa:ngasan*」等代
表性儀式物。透過祭典舉行時族人的實踐行動，各種禁忌和
象徵物依循特定規則、模式和軌跡運作，持續交織建構出一
個神聖獨特的空間場域（圖 34）。

　　從儀式分析的角度來看，巴斯達隘祭典具有多層次的社
會整合作用，一方面它透過儀式中對我群和他者的區劃，強
調賽夏人的「我族群意」，凝聚族群內部成員的認同；另一方
面則是與異族群的整合，這個祭典的精神內涵與實際運作，

圖 35 巴斯達隘祭典送靈儀式跳拔芒草結

都意含著一個小社會對另一個強大體系的面對與和解，而且不斷在儀式象徵中完成與大社會的接合（鄭依憶 2004: 130）。藉著儀式的舉行，不同地區、聚落和世代的賽夏男女老幼，反覆依循姓氏為單位而聚集行動，動態建構出「整體意識」或族群認同。同時，儀式過程中，賽夏人也再次與同來參與的異族親友或大量外地遊客交會，重新進行調解接合。

現今的巴斯達隘，並未因為賽夏人生活型態、工作模式或生活節奏的變化，而減少其重要性，反倒因為族人經濟資源的增加而更加盛大。大多數賽夏人現今仍然對「達隘」抱

持著敬畏的信念，小心謹慎地舉行巴斯達隘祭典。對於大量移居外地工作或居住的賽夏人而言，巴斯達隘祭典更是返鄉與親友團聚的重要民族文化節日。近年來，透過外界媒體的宣傳報導，「賽夏矮靈祭」成為外界好奇的神秘觀光祭典，祭典期間，動輒有高達數萬名的遊客湧入祭場，形成再現複雜矛盾他者情結的另一種當代形式。

總結而言，巴斯達隘祭典是行動規模最大和文化意象最鮮明的賽夏儀式，它不但具體實踐姓氏分工、建構族群意識，並藉著儀式行動，反覆生產和複製基本文化邏輯、象徵符號與價值信念。祭典建構和對比的神聖空間，相對於快速變化的生活世界，提供了一個相對穩固的文化再現場域，持續扮演整合族群、體現過去、實踐文化價值，並且與外界大社會接合的關鍵作用。

第六章
生活世界轉變與物質符碼延續

賽夏人的活動區域，位處於平原和山區的交界處，是歷史上「番界」穿越的地帶，因此首當其衝成為不同人群互動和物資交匯的「接觸區」。晚近二、三百年間，隨著統治者權力的更迭碰撞，賽夏人的生活世界不斷地快速轉變。對比不同時代的社會情境，明顯可見賽夏區域的物質生活和日常節奏發生了巨大的變化。本章將從物質世界變遷的軌跡出發，思考物質符碼動態再生產和再現的作用，藉此從另一個角度，呈現賽夏文化傳承的動力和挑戰。

第一節　早期物質生活的基礎

賽夏地區居民的生活，在十九世紀中葉以前，主要是建立在淺山地區生態適應的基礎之上。根據日本時代的調查記錄，賽夏聚落原本是以山脊或河流作為自然屏障或標界，同姓氏者大多數聚居於同一個區域，例如大東河左岸的加拉灣社主要是風姓的居住地，加里前山一帶則是絲姓和日姓的聚集地（山內朔郎 1932: 37–38）。過去賽夏族的獵場和溪流，大部分是部落共有，耕地開墾以家戶為單位；各家戶都有耕

地的使用權，但是並無擁有權。通常耕地的使用，是以先佔為原則，在沒人開墾的土地上，一般可以先除草闢地，並將木頭橫放表示佔用，之後取得族長的認可即可；對於先前已有人耕作，但後來又棄耕的荒廢土地，當徵得原使用人的同意後，也可以前去耕作。

燒墾農業、狩獵和山溪捕魚，是早期生業的基礎。主食大致包括稻米、小米、地瓜、芋頭或高粱等作物。主要生活節奏是依循燒墾農作的過程而開展：1～3月是休耕期，要進行砍草和整地等工作。3～4月，風勢和風向好時，焚燒雜木整地；播種前，先以部落為單位舉行播種祭 (pit'aza')。5月為播種期，要為小米、稻米、高粱等主要作物播種，田邊空地也會種植樹豆、南瓜、芋頭、地瓜、薑和苧麻等。6月間，作物全部播種完之後，舉行第一次祖靈祭 (paSbaki')，祈求祖先保佑豐收。9～10月為收穫期，陸續收穫小米、稻作、高粱，再收地瓜、樹豆、芋頭等作物。10～11月，農作陸續收入穀倉；陸稻收穫完之後的第一次月圓時，舉行巴斯達隘 (paSta'ay) 祭典。12月間，所有的作物入倉後，舉行第二次收穫祖靈祭 (paSbaki')，感謝祖靈賜予收成。

早期蛋白質食物的來源，主要依賴狩獵與漁撈。狩獵不但是獲取肉類食物的主要管道，也是建立男子聲譽的關鍵途徑。平時個人以設陷阱或小型狩獵方式捕捉獵物；祭儀舉行之前，則由部落中同姓氏男子共組獵隊，進行大規模的狩獵，獵取山肉獻祭和分食。過去山林中獵物種類豐富，主要包括

圖 36　1930 年代出發打獵前的大隘社獵隊（鈴木秀夫 1936）

山豬、羌、狐狸、豹、鹿、穿山甲、果子狸、飛鼠等。獵獲物通常是由聚落族人共享，內臟由獵人分食，頭由發現獵物的獵狗主人所得，四肢由最先射中獵物的獵人分得，其餘按人口均分❶。

　　過去在溪流中捕獲的魚，也是很受賽夏人喜愛的食物，巴斯達隘祭典時，各家戶都會準備魚作為饗宴「達隘」的食物。過去捕魚的方式，主要採用放置魚筌、堆石阻水撈魚和漁槍刺魚等，後來受漢人影響也開始使用魚鉤釣魚（山內朔

❶　近代國家法律管制槍枝使用之後，狩獵活動受到很大的限制。現今肉類食物主要都是在市場購買；不過，設置小型陷阱捕獵，仍然是男性喜好的戶外活動。

郎 1933: 71)。早期還有採用一種特別的毒魚法,將搗爛的魚
籐 (*tatoba'*) 汁液倒入溪流中,使溪流中的魚因神經麻痺而死
亡。這種捕魚方法,只能限定在枯水期或魚類產卵前的農閒

圖 37　1930 年代東河溪流中漁槍刺魚(鈴木秀夫
1936)

圖 38　當代東河溪流中放置魚筌

期使用，最多一年兩次，而且不能由個人進行，必須是部落集體的行動，毒魚法捕得的魚全部落共享，按人數平均分配。

　　此外，過去各家戶也普遍飼養家禽和家畜，以豬和雞最為常見。同時，也在山野中採集野果、野莓、蕨類和野菜等，作為日常食物的補充管道。基本而言，早期生活是以陸稻、小米、地瓜或山芋為主食，蔬果和野菜為配菜；祭典時，才有魚、山肉或飼養的豬肉可吃。鹽，是最重要和珍貴的調味品，缺鹽時也常用生薑或山胡椒調味。另外，賽夏人喜愛吃蜂蛹和蜂蜜，南庄的東河部落叫做「*walo'*」，就是指「蜂蜜」的意思。

　　以前的賽夏住屋，是由聚落各家戶共同協助建造而成，建屋者準備木和竹等材料，其他人一起出力大約數日可以蓋成。完工後，屋主會舉行儀式祭告祖先，並邀請大家飲宴慶祝（小島由道 1916: 50）。住屋通常沿著山坡零星建造，周圍植樹作為屏障，後來受到漢人影響也用竹籬圍繞。每個家戶的空間大致包含：⑴家屋「*tawan*」，是長方形地面住屋，以圓木為支柱，以剖半圓竹或平竹板搭編屋壁，並採用竹管和茅草鋪蓋兩坡式斜面屋頂。許多早期文獻提到，過去賽夏家屋門楣下方，多置有籐木獸骨架 (*kasavajan kataolex*)，吊掛許多豬、鹿、猴、羌等獵物的下顎骨，最多可達二百個以上（伊能嘉矩 1992: 2；小島由道 1916: 49）。屋內正室的中央或左側，設置有三塊立石作為地面式火塘，這是炊煮和取暖之處，也是屋內儀式性聚會空間❷。⑵高架穀倉「*sasaka:*」，

是用來存放稻米、小米和地瓜等糧食的竹造高架建築，四個柱角與屋底的連接處設有下凹的圓形防鼠板。(3)雞舍和畜舍，建於住屋兩側或後方的小型附屬建築（小島由道 1916: 52；衛惠林等 1965: 5；林憲德 1984: 17、45）。

衣服，早期是婦女用水平背帶織機織出的布塊製成，苧麻是主要材料，後期也有不少毛線和棉線的混織。賽夏語通稱衣服為「*kayba:en*」，泛指身上穿戴的各種衣服。衣服種類主要包括：無袖長衣 (*binbinongoan*)、無袖短衣 (*kapataraya'*)、腰裙 (*totoS*)、遮陰布 (*bo:ol*)、披風 (*hopong*)、胸布 (*tawyah'*)、頭巾 (*'alolos*) 等。一般而言，男、女都穿長

圖 39　1930 年代大隘社家屋（臺灣大學人類學系影像收藏）

❷ 後來的住屋改為水泥房舍，都增設了廚房作為炊煮空間，但地面式火塘的儀式象徵意義仍然重要。現在的賽夏祭屋仍然都在屋內設置地面式火塘，作為象徵性的神聖儀式空間。

衣，盛裝時，長衣外面再加一件無袖短衣，組合成「Siyobogan」。男子下身綁繫遮陰布，女子圍繫長腰裙和戴胸布。其他裝飾品包括帽子 (*tatpo'*)、耳飾 (*papaton/lalawir*)、頭飾 (*kapaSket/kaisison*)、頸飾 (*kapaSiloe'*)、腳飾 (*kapa-ae:ai*)、腕飾 (*kapayhima'*) 等。男性外出時大多戴籐帽，頭目和勇士的籐帽有鹿角、熊皮或豬牙等裝飾。男人喜愛戴腳脛飾和腳踝飾，勇士才可戴豬牙臂飾；女人則喜好戴腕飾。男、女都喜愛配戴耳飾與頭飾；但男子戴圓形貝板耳插 (*papaton*)，女子掛梯形貝片耳墜 (*lalawir*)；男子用圓形貝板頭帶 (*kapaSket*)，女人繫珠飾頭帶 (*kaisison*)。

　　基本上，賽夏傳統服飾裝扮，並不特別強調性別和階層差異，比較明顯的是祭儀盛裝與日常穿著的區分。平時的穿著簡單而少有紋飾；盛裝時，穿色彩鮮豔、圖案美麗的紅、黑、白三色織花服，賽夏語通稱為「*binbinongoan*」（係指花紋之意）。由海岸輾轉交換而來的白色小貝珠，是賽夏人最珍視而有價值的裝飾物資，賽夏語稱為「*Siloe'*」。小貝珠串製成的頸飾、腕

圖40　1930 年代採集的賽夏傳統服飾（臺灣大學人類學系文物藏品）

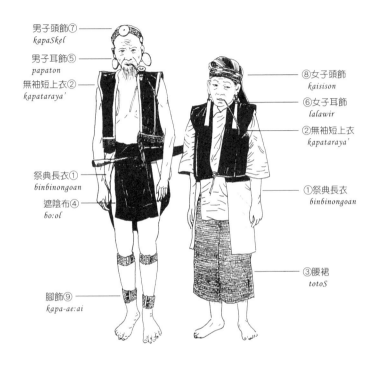

男子頭飾⑦
kapaSkel

男子耳飾⑤
papaton

無袖短上衣②
kapataraya'

祭典長衣①
binbinongoan

遮陰布④
bo:ol

腳飾⑨
kapa-ae:ai

⑧女子頭飾
kaisison

⑥女子耳飾
lalawir

②無袖短上衣
kapataraya'

①祭典長衣
binbinongoan

③腰裙
totoS

圖 41　賽夏傳統服飾說明圖（胡家瑜 1936: 53）

飾、腳飾（足脛飾和足踝飾）、腰飾和貝珠衣等，是聘禮、賠償或重要交換的媒介。有些重要的傳統儀式如祈天祭和巴斯達隘祭典，小貝珠是獻祭給神靈不可或缺的物品，至今仍是如此。後來隨著對外交易管道的流通和增加，外來的毛線、棉布，與其他裝飾材質陸續引進，賽夏儀式服飾的風貌更加豐富多元。除了原本使用的貝板、貝珠、骨片，或薏米珠等

裝飾材料之外，鈕釦、鏡子等閃亮或色彩鮮豔的材料，都陸續成為廣受歡迎的飾物。

除了服飾之外，過去賽夏男女普遍有拔齒和刺青（紋面）等身體裝飾習俗 ❸。刺青稱為「pataS」，刺紋稱為「pinataSen」，男子是在臉部刺額紋和頤紋，女子僅刺額紋。較特別的是，有特殊功績的賽夏男子還可刺胸紋（小島由道 1917: 53）。日本時代大隘社頭目達陸・武茂 (taro’a ’oemaw) 就刺有六條胸紋，他告訴調查者：「胸紋是戰勳的表彰（最重要是馘首），須由頭目及長老協議後，公開許諾給有戰功者；一次加一線。最多的例子是在三對橫線上，再加三對縱線共十二線。我得到公認的戰勳為馘首十五個，但僅刺有六線，我知道要再加一線不是容易的事。」（成田武司 1912: 42）可見胸紋越多的賽夏男子社會聲望越高。不過，二十世紀初期以後，在日本殖民政策強力禁止之下，刺青也已隨著獵頭習俗一起消失。

綜合而言，賽夏人的物質生活，因應周邊族群的接觸互動影響而不斷納入外來要素，例如織布紋飾、服飾形式、貝珠衣飾、刺青紋樣等都與泰雅族的物質現象非常相似。此外，占卜用黃色玻璃巫珠、治病巫術、大祭祭旗或其他儀式元素也有來自平埔原住民的影響。十九世紀起，漢人移民和現代文化對於物質生活的影響速度更加快速而全面，無論吃雞酒

---

❸　過去男女會在婚前拔掉一對第二門齒或犬齒（佐山融吉 1920: 384）。

圖 42　1930 年代穿著漢式服飾的賽夏婦女
（臺灣大學人類學系影像收藏）

或醃菜等食物、住屋加堂號、設神龕和祖先牌位、或拜「伯
公」等，都快速吸納進入賽夏生活。由於邊界區域快速而複
雜的人群互動和物資流通，長期以來賽夏族呈現了善於吸納
和拼疊外來物質文化的特性。也因為如此，從物質世界和日
常生活現象，很難明顯區辨什麼是真正的或傳統的賽夏文化。
例如，隨著棉布取得便利性的增加，許多賽夏人在十九世紀
末即已陸續改穿漢式服裝，織布技術也逐漸式微。1920 和
1930 年代到賽夏部落調查的日本研究者提到，大多數人已經
不會織布了（佐山融吉 1920: 378）；當時的田野照片也顯現
賽夏人幾乎都穿著漢式衣服❹。

---

❹　1968 年研究者再進入部落進行織布調查時，發現完全沒有賽夏人
　　會製作傳統織布（岡村吉右衛門 1968: 48）。這種狀況直到 1990
　　年代中期，因為工藝復振運動的影響，部落中有人重新學習織布

第二節　市場經濟和觀光消費

　　十八世紀末期以後，漢人移墾的腳步逐漸向新竹和苗栗山區延伸，當地原住民與漢人交換的物資也逐漸增加。漢人「番割」經常跨越「番界」穿梭交易，例如十九世紀最早入墾南庄的黃祈英，原本是在三灣附近賽夏部落活動的「番割」。此外，「番界」旁也設有交換所。頭份附近的「斗換坪」，就是賽夏人過去前往交換的地點。根據清代資料記載，賽夏人多以山羊角、鹿皮、籐和苧麻等山產，交換外來的鹽、鐵器、火槍、布、裝飾珠子或鈕扣等物品。到了日本時代，「番界」更進一步往內山移動，官方設置的五指山交易所和南庄交易所成為賽夏人交換外來物資的重要據點，主要換出籐、薯榔、蓪草或羌皮等山產，換入鐵器、食鹽、毛線、砂糖、酒、洋燈和煤油等物資。

　　十九世紀漢人拓墾勢力和樟腦產業的發展，是造成賽夏生活型態轉變的另一項重要因素。賽夏人武力抵抗漢人拓墾勢力失敗後，不少北埔、峨眉和三灣等地賽夏人，轉而擔任隘丁為漢人防守「番界」。1886 年「金廣福」墾號的隘丁名冊記錄顯示，當時防守番界的一百多名隘丁中，將近有一半是原住民：如帶英、薯員、流明、阿斗、矮底、下底、打鹿、佳喇、右毛、由茅、油卯、卯乃、油歪、尤歪、歪賜、歪成

技術和找尋織布紋樣，賽夏傳統工藝特色才再度展現。

等（吳學明 2000）。這些名字雖然用漢字記載，但發音近似賽夏族傳承的男子名，可以推想當時賽夏人開始受雇擔任漢人的隘丁，領取薪資獲取新的生活資源。

十九世紀以後，部分賽夏人甚至開始積極參與開墾和樟腦事業，獲得相當可觀的利益。例如十九世紀末南獅里興社的頭目日阿拐，不但向漢人製腦者收取「山工銀」致富，自己也設有墾號，雇用數十名漢佃開墾水田（《理蕃誌稿》1989 [1918]: 175-176）。同時期，北獅里興社頭目絲打尾也雇用「番丁」開墾和製腦，過著豐裕的生活。伊能嘉矩 1897 年到北獅里興社絲打尾 (Tavoi) 家拜訪時，見到這位賽夏頭目務農也兼製樟腦，家屋規模很大，屋內掛有洋鐘和洋式油燈，並張貼漢人的「守符」。另外，伊能見到當時獅頭驛社的頭目張有淮 (Yuwai)，留著「蕃式」散髮、身穿漢衫、會說流利的漢語；他也從事製腦，並雇有一名漢人書記協助事業（伊能嘉矩 1996: 102-103）。許多調查記錄顯示，在外界強大政經壓力下生活的賽夏人，並不全然是貧乏的弱勢者，有時還相當主動積極地展現其競爭力和掌控力。當然，賽夏人也自此開始使用漢式姓名，穿著漢式服裝，有勢力的頭目如日阿拐、絲有眉和絲打尾等人，甚至領有官府的墾照設立墾區，或是經營自己的樟腦事業（波越重之 1985 [1907]: 187）。

日本統治時期，殖民政府運用新的國家統治技術，對臺灣山區秩序和資源採取嚴格的控制，賽夏人的生活也受到官方政策更直接的影響。1902 年南庄事件後，隘勇線再向內山

推進，南庄附近的賽夏部落大都被編入「普通行政區」，賽夏人不但失去樟腦貿易的利益，原本土地使用權的概念，也在國家體制下面臨極大的衝擊。為了便於管理，許多賽夏聚落被強制遷移；例如 1929 年，原本在小東河流域的橫屏背社（*amiS*）居民，被集體遷移到數十公里外的大坪、二坪和上大湳山區。另外，警察和學校機構開始在部落強勢宣導現代化的生活秩序、衛生、教育和法律等觀念，並積極傳授和推廣新的生產方式與技術，引入定耕水稻取代游耕式的雜作、教導養蠶採桑、教導黃牛飼養等。許多新觀念、技術和物資，不但促使部落生活「現代化」，也是國家進行「馴化」的過程。

1940 年代以後，市場經濟影響的生活層面更廣、程度也更深。日本時代後期和國民政府初期，賽夏人曾種植茶樹作為經濟作物，並且採摘茶青販售給漢人茶商賺取現金。另外，由於當地林業資源豐富，1940 至 1950 年代，林業成為當地最重要的產業，1960 和 1970 年代持續興盛發展，直到 1980 年代才因市場縮減而逐漸沒落。在林業發展的全盛期，許多賽夏人都投入林業相關工作，或者擔任林場伐木、拉木馬或鋪設木馬路等工作，以勞力賺取工資維生，賽夏社會的勞力商品化和薪資化現象因此更加普遍。即使到現在，許多賽夏長老都還經常提起過去參與林班伐木、整地、植樹或劈草等工作的生活點滴。

林業之外，煤礦業也曾是 1960 和 1970 年代南庄地區最

興旺的產業，為當地帶來空前的榮景。據說在煤礦產業極盛期，外地來的漢人礦工和商人多達上千人，南庄街區的商店林立而且燈紅酒綠熱鬧非常。不過，賽夏人真正擔任礦工下坑挖煤的人並不多，大部分人從事洗煤和撿煤等周邊臨時工作（林維賢 2000: 92）。現今年紀超過六十歲的賽夏人，大多還對過去煤礦業興盛時的熱鬧生活景狀記憶鮮明。1970 年代末期以後，由於礦源萎縮和開採利潤不足，煤礦場陸續停工最後完全歇業，當地商業景況也很快衰落。山區生活步調一度回復平靜，直到最近觀光休閒產業興起，才又造成另一波大轉變。

　　1980 年代左右，由於年輕人紛紛離開原鄉部落出外謀生或求學，賽夏社會生活和家庭結構出現另一波重大改變。由於臺灣西部平原地區在 1970 年代後期快速都市化和工商業化，在部落就業困難的年輕人紛紛離鄉至外地發展。許多人經由親友的引介牽線到鄰近鄉鎮和都市的工廠或機關行號工作，時間長久之後，不少人在外地設籍定居。賽夏人移居的地點，主要在鄰近城鎮如頭份、竹南或竹東等地，以及北部都市如桃園、中壢、板橋、三重、新店和臺北市等地。出外工作的賽夏人，大多在週末假日或祭典時回家短暫相聚，年幼的孩童經常留在部落交由祖父母養育。因此，部落平時生活相當安靜冷清，活動者大多是年長者和年幼孩童，很少看見年輕人的身影。週末假日或慶典時，才有較多年輕人回家團聚。近年來，受到觀光風潮的影響，逐漸有些年輕人返鄉

工作，但是部落更出現大量穿梭的外來遊客，對比之下更顯得當地居民的稀疏。

　　近代經濟作物種植和市場網絡的擴張，也造成部落農業型態的大幅改變。種植經濟作物換取現金，成為現代農業的主要方向。大約從 1960 和 1970 年代起，有些賽夏人開始學習大規模種植香菇、洋菇或桂竹筍等經濟作物的技術，銷售賺取現金的作物逐漸成為當地農產的重要項目。1990 年代，在地方農會和產銷班的推廣下，部落紛紛轉型栽植經濟作物，如高冷蔬菜、一葉蘭、鮮花、明日葉、冬蟲草（天蠶草）、天山雪蓮、紅柿和水蜜桃等，都曾是不同時期流行的作物。過

圖 43　嘎嘎歐岸文化部落的賽夏風味餐廳

去的小米或稻米等已經很少在當地種植，現在穀物主食都是從市場購買而來，只有住屋旁的園地還種植一些自家食用的瓜類和蔬菜。

1980 年代初，鱒魚養殖業被引入賽夏地區，除了外來經營者進入租地設置養殖場之外，陸續有一些賽夏人加入養殖行列。雖然鱒魚養殖需要投入的成本較多、技術門檻也較高，從事的人並不太多，但由於當地的山泉水質清澈，養出的鱒魚肉質細緻鮮美，是廣受外來遊客喜好的地方特色美食，現今已成為餐廳販售的賽夏風味餐特色料理。最近幾年，新引入的鱘龍魚養殖也相當成功，鱘龍魚全餐料理也逐漸成為當地流行的觀光菜色。

最近二十年間，休閒觀光產業的發展，對賽夏部落的生活和景觀造成更直接而深入的影響。賽夏聚落分佈區大多山巒丘陵起伏、溪流和山泉交錯、峽谷密佈，風景十分秀麗。早期因為道路艱險和交通不便，能夠前往觀賞風景的遊客並不多。1990 年代起，政府以觀光旅遊產業作為推動地方經濟的新方向。因為道路交通的改善和週休二日政策的實施，進入賽夏地區旅遊的人數快速增加。其中最早的契機是 1992 年設立的雪霸國家公園，將賽夏族起源傳說的聖山——大霸尖山涵蓋在內。由於北群居住的五峰地區，是通往雪霸國家公園觀霧入口的中間點，附近的道路與景觀獲得不少國家經費改造和建設。另一個影響因素是 2001 年成立的「參山國家風景區」，這個跨縣界和跨區域的風景區，包含獅頭山、梨山

圖44　嘎嘎歐岸文化部落賽夏原舞場內舞者與遊客合照

和八卦山三座不相連的名山地區，其中「獅頭山風景區」涵蓋新竹縣峨眉鄉、北埔鄉和竹東鎮，以及苗栗縣南庄鄉和三灣鄉等五鄉鎮，是賽夏聚落分佈的主要區域。這個國家風景區設置後，政府投入了許多整建和宣傳廣告經費，將區內的自然和文化景觀陸續規劃為旅遊景點，賽夏矮靈祭場正是其中重要的宣傳點。

　　休閒觀光產業的發展，深化了自由市場經濟下遠距流動的人群、物資和觀念對山區生活的影響。以南群分佈的地區為例，近十年間，南庄地方觀光協會提出「山城花園推廣計畫」，以歐式或瑞士花園山城風貌作為發展方向，附近山區新

建的歐式花園咖啡館、歐式民宿建築和相關商業設施，如雨後春筍般以驚人的速度成長，快速轉變周遭的視覺景觀。另一方面，當地觀光業者配合進行南庄老街再造，以客家美食商品和懷舊景點，製造遊客漫步的路線和停留點，並配合周邊秀麗的自然環境和豐富多元的族群文化意象，這一條旅遊路線大受觀光客喜愛，使得南庄地區現今成為北臺灣地區最受歡迎的旅遊熱門景點之一。

新興的觀光風潮，將大量短暫停留的外來遊客引入原本偏遠的山區。現在週末假日南庄地區經常湧入超過數萬名的遊客，觀光消費帶來的現金收入，成為當地經濟的重要來源。不過，觀光產業的主要獲利者並不是賽夏人。根據統計，1995年左右南庄地區的餐飲和住宿設施大概不到十間，現今總數超過二百間；其中咖啡或餐飲約有一百五十間，住宿約有一百間。大部分的觀光休閒設施，多是當地客家人或外來資本家投資設置，賽夏經營管理者並不多。粗估賽夏人設置的民宿約有六、七間、餐飲設施十多間、藝品工坊四間，還有一個部落文化園區。

無論如何，當代的觀光產業和消費模式，帶來了新的機會和挑戰。一方面山區部落在地就業的機會因此增加，尤其是受雇擔任民宿、餐飲或休閒機構專職或臨時服務人員的比例增加；同時文化觀光產業也創造了一些新的時髦行業，讓一些年輕人比較有意願留在部落工作，例如廚師、餐飲咖啡服務員、調酒師、西點師、樂團歌手、工藝創作或文史工作

圖45　文物館咖啡廳的賽夏服務生

者等，都是當代年輕人嚮往的熱門新工作。當然，觀光風潮引入外來物資、技術、消費者和工作機會的同時，也帶來新的矛盾。賽夏地區的熱門旅遊景點，週末假日經常擠滿了遊客和攤販，對於當地生活秩序、自然環境、人際關係和儀式活動等，都造成新的衝擊。新的觀光產業帶來的外地遊客，無疑再一次大規模增添賽夏地區人群的異質性，同時也增加空間使用的重疊競爭關係，以及物質世界的快速轉變。這些新變化將是新一代賽夏人必須面對、處理和調解的新課題。

第三節　儀式象徵物作為記憶座標

　　相對於日常物質世界的快速吸納和轉變，賽夏人對於儀式傳統卻相當堅持和重視，儀式場域所運用的象徵物，也不同於一般生活層面的物品，是一套可以連結過去的神聖符號系統，也是在社會轉變中的動態定錨和座標。綜觀而言，大部分的賽夏儀式，各有不同的象徵物，這些象徵物運用特殊的形式或感官特性，以及觀看或觸摸禁忌，不但表達關鍵的文化價值，成為儀式參與者意識和記憶聚焦的核心，同時也形塑奇特而鮮明的賽夏意象。賽夏儀式的象徵物，根據其特性、運作規則和神聖性衍生途徑的差異，大致可以分為二類：一類是強調物質保存和傳承象徵物，實物質保存但不得公開對外呈現；另一類是強調物質公開展演的象徵物，在儀式過程中公開呈現作為視覺焦點，但儀式結束後不再保存物件。

　　其中一類強調實物質傳承和內隱特性的象徵物，主要是藉由物的延續，傳達穿越時間的過去和歷史價值，藉此衍生其神聖性，例如祈天祭的「pasazo」、祭拜「龍神舒魯」(baki' Soro:) 的尾骨灰、「tinato'」祭的火器袋等物。這一類象徵物，在賽夏儀式行動中，幾乎都伴隨著嚴格的觀看限制和觸摸禁忌，因此在儀式過程中，象徵物的具體內容並不對外展現，更不得讓其他人觸摸，而是隱蔽地擺放在封閉的祭屋內供奉。

⑴祈天祭的「*pasazo*」是祈天祭主祭潘姓所傳承神聖的
象徵物，現在放在一個褐色木盒中，外姓氏不能碰觸也不能
看，僅有主祭家族少數長老曾打開看過。據說木盒中有一只
圓形小編籃，放置小貝珠、用布包裹的指甲和人髮等。平時
木盒放在祭屋的火塘上方供奉不許打開，只有在祭典當天，
主祭和少數長老可以開箱拿出或放入貝珠。「*pasazo*」由主祭
世代相傳繼承代表司祭權，也象徵祖先和雷女的靈力，賽夏
人認為這是祭典精神力量持續的關鍵來源。

⑵「帝那豆」祭 (tinato') 的火器袋「*tinato'*」，是過去趙
（豆）姓所傳承獵首祭儀式使用的發火器具，現今放置於籐
籃中，供奉在趙姓主祭祭屋內火塘上方的漢式神座上，同時
旁邊還附祭有水神「*katehtel*」的象徵物。平日外人不得進入
祭屋，也不能觀看或碰觸神聖象徵物；祭典當日才開門在火
塘中燒火，並獻祭酒、豬肉、糯米糕、魚等供品。

⑶「龍神舒魯」的象徵物「*Soro:*」尾骨灰，仍是由夏姓
所傳承，現今放在籐編籃內，供奉在頭份「賽夏五福龍神宮」
神壇正廳的神座中央，旁邊有許多漢人道教神像陪祀，周邊
同時運用許多漢式神壇的物質，如香爐、令旗、燒香、燒金
紙等。

⑷其他新興的儀式，如「神醫哺嗡祭」風姓傳承的象徵
物、「雷神比哇祭」芎姓傳承的鐵鍋碎片象徵物等，現今都放
在編籃內，安置在特定傳承姓氏的祭屋神龕上。

強調實物保留而且內隱不公開呈現的象徵物，幾乎都與

過去儀式的操作使用或相關神話傳說有關連，藉著來自過去的物品與過去的祖先連結。這些象徵物現今也有意反映過去不同姓氏傳承的祖靈籃意象，大部分與口語傳說中各姓氏籬編籃內放置傳承的祖先之物有關。雖然因應時代情境的轉變，這些象徵物的外在擺放形式有不少變化，但物件本身所指涉的神聖性卻更被強化。近二十年間，隨著儀式復振風潮興起，這些實物保存型的象徵物在失落或被遺忘多年之後，紛紛在岩洞中出現或被找到，並轉化成為召喚過去神靈力量的記憶重點。特別的是，運用這些象徵物的賽夏儀式，普遍引入許多道教元素和操作概念，逐漸朝向有形體、意識和施作力的神靈象徵轉變；同時儀式本身也從過去功能性的儀式名稱，轉化成以祭祀對象為名的當代祭典，例如獵首祭改成「帝那豆祭」。

另一類強調公開展演和外顯特性的象徵物，主要是在巴斯達隘祭典的公開歌舞儀式中使用。這些象徵物是祭典展演和觀看的重點，由於具有獨特的形式和行動方式，所以是儀式視覺吸引力的聚焦點，例如姓氏肩旗（早期是舞帽）「kilakil」、蛇鞭「babte:」、大祭祭旗「Sinaton」、或臀鈴（katapa:ngasan）等。其中姓氏肩旗、蛇鞭、和大祭祭旗，因為具有特殊神聖性，只能在祭典期間出現，祭典之後儀式物件即銷毀或隱藏。臀鈴（katapa:ngasan）也是巴斯達隘祭典歌舞儀式的特殊象徵物，但沒有特殊神聖意涵，也沒有其他太多禁忌，可以保留再次使用。這些公開展演的象徵物形式和

運作特性如下。

(1)姓氏肩旗（*kilakil*或 *rinring'ara*）：是各姓氏祭團成員共同製作的大型布旗，祭典歌舞時由該姓氏年輕男子代表扛在肩頭，在祭場中跳躍巡行嬉戲，象徵矮靈到場與各姓氏族人共同玩樂。肩旗同時也是祭典儀式中展現姓氏力量的媒介，一旦上場就持續不停地從黑夜舞動到

圖46 1936年巴斯達隘祭典時戴在頭上的舞帽 *kilakil*（臺灣大學人類學系影像收藏）

天亮，必須由該姓氏家族中男子不斷接手。南、北二個祭團對於肩旗製作的規定不同，南群是依各姓氏的意願自行決定製作，北群則有特定姓氏和固定數量的安排。姓氏肩旗的表面，除了貼有姓氏名稱之外，經常還佈滿珠飾、亮片和鏡子等色彩鮮豔閃亮的圖案裝飾，夜間歌舞時在月光下閃爍，因此也有人稱之為「月光旗」。現今使用的姓氏肩旗，過去其實是扛戴在頭上的舞帽，後來因為越做越大無法戴在頭上，才改為扛在肩上。其形式大致可分為長橢圓形的「*rinring'ara*」和短圓弧形的「*kilakil*」二種❺。目前北群的肩旗多是短圓弧

❺ 傳說過去賽夏人與矮人在一起生活時，山棕葉片和芭蕉葉片長得

形，南群多是長橢圓形；不過，現今很少特別強調肩旗形式的差異區別，「*rinring'ara*」一詞也很少使用，一般都將肩旗通稱為「*kilakil*」。

　(2)蛇鞭「*babte:*」：是僅限南群主祭（朱姓）製作和使用的獨特象徵物，具有驅除雲雨、除病、和保佑孩童平安長大的力量，也是特殊主祭權的表徵，外姓氏不得觸碰❻。它是

圖47　蓬萊潘家 (*Sa:wan*) 製作巴斯達隘祭典的 *kilakil*

相同，是完整的一片，葉緣並無分叉；矮人「達隘」走時憤怒地將山棕葉片撕裂，才出現分叉葉緣。據說長橢圓形的 *rinring'ara* 象徵雷女轉化的芭蕉葉；短圓弧形的 *kilakil* 象徵矮人撕裂的山棕葉。

❻　蛇鞭僅在南群製作使用。據說是因為巴斯達隘祭典分開二地舉行後的安排；北群是後輩，稱 *gapayiaiyisan*；因此沒有蛇鞭。

圖48　巴斯達隘祭典歌舞時出場的蛇鞭

用楮樹 (*baSa:*) 樹皮，以獨特編法交叉編成的百步蛇 (*mintatini'an*) 形鞭器；依據編法和外型的差異可分為雌、雄二種。每次祭典時新製一條蛇鞭，與前次祭典保留的另一條舊蛇鞭性別相異。儀式歌舞進行時，朱家男子會不定期手持新製蛇鞭進入祭場中央，拍打蛇鞭驅除雲雨，同時也讓族人帶領孩童觸碰拍打者的肩膀，以獲得神聖力量保護。祭典結束前送靈過程中舉行的塗泥治病儀節，是將新、舊二條蛇鞭同時綁在米籮上，用沾滿泥漿的米籮塗抹在族人背部治病，儀式過程中隱含著蛇鞭新、舊交替的象徵與陰陽相合的力量。

⑶十年大祭祭旗 (*Sinaton*)：每十年才製作一支的巴斯達隘祭典象徵物，是高達二、三公尺的竹桿掛著紅白二塊長方布塊的布旗。據說這是神靈到達祭場觀賞歌舞表演的停駐所，極端神聖而不可侵犯，也伴隨有繁複的製作使用規定和嚴格的碰觸禁忌規定❼。祭典歌舞開始當日，由負責製作的家族

圖 49　巴斯達隘祭典歌舞時巡行的十年大祭祭旗

圖 50　巴斯達隘祭典歌舞時揹戴的臀鈴

帶來；平時豎立在祭場右側的臺座上，歌舞進行時不定時地由負責姓氏的男子揹扛著在祭場外圈繞行。賽夏人相信如果發生祭旗倒地或有他人觸碰等違反禁忌的情事，將會引起族群、家族和個人的不幸災禍；因此負責製作、揹旗和扶旗的家族必須擔負極大的護衛責任。此外，大祭祭旗和蛇鞭一樣被認為具有祈福庇佑的力量，賽夏人從小到大的成長過程，至少必須觸碰揹旗者的肩膀二次，透過揹旗者輾轉傳遞出的祭旗神聖力量，才能夠一生平安順利。

⑷臀鈴 (*katapa:ngasan*)：是用竹筷、網袋和布塊做成的一種特殊音效物。祭典歌舞時由舞者繫綁在腰背部，讓臀鈴下擺垂吊的竹管、子彈殼或不銹鋼管，隨舞步節奏發出聲響，製造出響亮清脆的音效。由於臀鈴是裝飾物與音效物，沒有特殊神聖意涵，因此比較可以隨興依個人的意願而決定是否製作或使用。

這些在儀式中公開展演的象徵物，大多具有如高聳、閃亮、或響亮等物質形式特徵，又伴隨有特殊的使用規則和行

---

❼ 大祭祭旗具有高度神聖性和嚴格的禁忌。例如，祭旗的形式，必須紅旗不超過白旗長度的 1/3；祭旗傾倒地上，揹負者必死，全族也將發生不幸；除揹旗和扶旗的特定姓氏男子外，其他人一律不得觸碰祭旗。儀式歌舞進行中，祭旗隔一段時間須繞場巡行一次，途中不能有任何阻礙；繞場時由姓氏肩旗在前，臀鈴在後隨行；祭典結束後，祭旗用的布、銅鈴或鏡子等物品可以收起來下次再用，但支架必須丟棄，不能再使用。賽夏人認為觸犯禁忌將會引起矮靈生氣，造成嚴重的意外或不順。

動方式，經常能激發強烈的感官吸引力。同時，姓氏肩旗、蛇鞭和大祭祭旗等具有不同程度神聖性的器物，還必須遵守不同的製作、使用、觸碰或毀棄規定，讓人更加覺得神秘而好奇，這些儀式物每次祭儀時都要重新製作，因此重點並非實物本身的傳承，而是物的製作權力和知識的傳承。更重要的是，這些儀式物的神聖性，是透過儀式參與者與物細膩的互動過程而顯現。例如沉重的舞帽，在矮靈祭連續三天的正式歌舞期間，每天自太陽下山歌舞儀式開始，就由各姓氏男性成員肩扛著，隨著蛇行舞隊歌舞通宵至天明，對操作者而言是體力與耐力的極大考驗❽。蛇鞭，則由主祭朱姓家族男性成員，輪流在歌舞時不定期至祭場中央拍打作響以驅雲散雨，而拍打的聲量大小被認為與法力的有效度成正比，因此操作者也必須在拍打過程中力求聲音響亮。大祭祭旗的神聖性，更可由其行動的高困難度表現無疑，高聳又極端沉重的竹架布旗，歌舞儀式時，必須由一人揹扛，二人扶持，不定期的巡行於祭場，過程中一方面要讓參與的賽夏人能觸摸扛旗者的肩背，另一方面又絕對不能讓人觸摸到祭旗本身或讓祭旗傾倒而違反禁忌，對揹旗者和扶旗者而言，通宵三日必須承受絕大的體能和精神壓力挑戰。這些象徵物因為行動者克服困難和企圖超越極限的精神，而讓大家感受到神聖力量的存在。

---

❽ 雖然同姓氏男性都可以輪替扛舞帽，但儀式中時時可見參與者體力透支而仍然堅持不放棄所傳達出的感人精神。

如果賽夏祭儀是文化觀念傳遞和社會建構的重要機制，那麼其中運用的象徵物，就是被凸顯特化的具體物質符號。這些物在不同的儀式場域中被觀看、操作和崇拜，透過特定的視覺或多重感官途徑成為意識的焦點，一方面喚醒和強化共同經驗，另一方面也沉澱成為回憶時的心理影像基礎。無論是實物保存而內隱的象徵物，或是公開展演而外顯的象徵物，都反覆運用一系列的禁忌規則和身體實踐，界定物和行動者之間的特殊關係，其中主要藉由製作、使用、觸摸、傳承、或觀看等操作差異，建立多重不同層次的人、物互動關係。基本上，特定姓氏的男性成員為基本操作者，而女性、外姓者和懷孕者（與其夫）則為限制對象。因此，這些儀式象徵物運作同時，也加強了以男性為主軸的父系價值觀、姓氏區辨關係、以及不同姓氏的分工合作意識。

簡言之，儀式象徵物是在複雜變動的物質世界中，為賽夏人提供了一組相對動態穩定的具體記憶座標，可以凝聚共同意識與建構集體認同。從物質符碼到儀式經驗、到心理映象、再到共同記憶，儀式物的具體再現過程，存在著不可忽視的力量。無論是內隱的或外顯的賽夏儀式象徵物，反覆透過物本身的製作、使用、接觸、觀看和禁忌等各種實踐行動，以及物在儀式場域對比傳達的隱蔽／公開展演、保存／更新等不同特質，使得物的意象和其相關知識，深植於大家的腦海。透過不同儀式的持續舉行，各種象徵物交錯運作或再現，物質符號所連結的祖靈和神靈信仰，以及深層的文化邏輯和

價值觀，也被持續強調成為記憶焦點。

第四節　過去遺產的當代意義

　　受到國家體制、全球化潮流，以及資本市場的影響，當代賽夏人的生活節奏和物質世界產生很大的改變。平日食、衣、住、行、娛樂等活動所需的物品，現在幾乎全部依賴現金購買。商品流通交換的管道，從過去的「番割」、交換所、流動貨車、小雜貨店、傳統市場、到24小時營業的便利商店。還有不少人騎著摩托車或開車，從部落到半小時或1小時車程外的市鎮大型購物商場，購買日常生活物品。現在部落中各家戶成員，普遍用電話、手機或網路與外地生活的親友聯絡。目前生活的運轉，不再以配合農事活動季節循環為主，而是隨著國曆星期和年節假日變化。由於年輕人平時需要外出工作或上學，週末假日出外者返家團聚時，部落內的人氣和活力才比較旺盛，因此許多傳統祭儀的安排，現在也優先配合週末假日而調整。

　　長期因應生活型態和資源競爭變化的賽夏人，因而衍生出機動、敏感而警覺的行動策略；吸納外來資源和機動變動，可說是賽夏文化的基本特性之一。但另一方面，憂慮外來強大勢力造成文化失落的警覺性和危機感，也是賽夏文化不斷投射的獨特情結。現代社會的生產和消費模式，帶來快速而劇烈的生活轉變，使得許多賽夏人更強調傳統 (kaspengan) 的

重要性，也憂慮傳統 (*kaspengan*) 的消失。記住過去祖先，不忘祖先傳統，是各家族、各姓氏群或全族性儀式聚會時，長老們反覆對下一代的叮嚀。對於文化傳統延續的警覺，現在也經常透過書寫、展示或各種視聽媒體等新興管道表達。

在轉變中尋求延續的當代脈絡下，一些過去物質生活不同層面的要素，被賽夏人選擇界定為祖先傳下來的重要遺產，例如過去的食物或飲食方式、過去的工藝技術和圖紋表現，或是重要祭儀的象徵符號等。這些物質文化要素，或許基於過去技術或身體習慣，或許基於信仰基礎而展現特殊文化意義或象徵價值，因而成為現今表達懷舊情感和傳統特色的媒介，有些甚至被轉化為區辨族群意象的符碼，或是爭取新經濟價值的文化資源。

在飲食層面，雖然賽夏人的食物早已受到漢人，尤其客家飲食習慣的影響，白飯、炒菜、雞酒、炒米粉或油麵等，是普遍出現在賽夏餐桌上的家庭飲食。不過，一些被認為是特殊賽夏傳統的食物，仍然在賽夏儀式中大量被食用，也是當代展現賽夏特色的元素，例如：⑴糯米糕「*tinawbon*」，是將蒸熟的糯米飯用木製杵臼打製而成，經常切成方塊狀食用，是賽夏各種儀式最普遍食用的傳統食物。由於賽夏糯米糕經常是男人打製，因此吃起來特別強韌有勁，與客家式的糯米粄口感相當不同。⑵糯米酒「*pinoSakan*」，是將糯米蒸熟發酵釀製而成的酒，現在許多家庭的婦女還經常自己釀製糯米酒，作為重要的儀式獻祭品，同時也是族人聚會和招待親友

時展現誠意和偏好的選擇；小米酒和藜酒過去也曾經釀製，但現在很少再製作了。(3)醃生豬肉或魚肉「'inomaS」，是用蒸熟的米飯中間夾生肉或生魚，層層相夾浸釀發酵，醃至骨酥肉軟而有濃烈酸味；「'inomaS」雖然不是儀式必須的食物，但不少賽夏人現在還自己在家中製作和食用，並且將之視為過去的傳統美食。

這些展現過去生活價值的傳統食物，近年隨著觀光的發展，轉型成為賽夏相關民宿業者推出的商品化文化美食。例如，糯米糕「tinawbon」是最常作為遊客參與製作或品嚐的

圖 51　製作醃生肉 'inomaS

賽夏傳統食物；餐飲業者推出的「賽夏風味餐」，還經常將當地山產或經濟產物如山胡椒、山蘇、過貓、刺蔥、山苦瓜、香菇、甜柿、鱒魚、苦花魚或山豬肉等食材入菜，表現地方飲食特色。此外，賽夏糯米酒「*pinoSakan*」，現在也有一些小規模的家庭式釀酒業者如「寄林山莊」，生產經過分瓶包裝處理的糯米酒商品，經常在觀光景點賣給遊客作為伴手禮。這些具有傳統或地方特色的食物，在當代情境下成為再現過去生活習性的管道之一，也轉換為對外交換分享的文化資源。

　　相較於食物普遍分享的特性，賽夏工藝傳統被視為更珍貴的文化智慧表現。由於工藝技術需要長時間的學習磨練和天賦創意，因此精湛的工藝師享有很高的社會聲響。賽夏人過去製作的生活用品，主要運用木工、竹工、編籃、編網和

圖52　處理苦花魚

織布等技術，後來隨著外來商品取得便利和價格便宜，許多手工製品已經失去日常功能，傳統技術也面臨傳承危機，同時，過去製作的精美工藝成品，也不斷因為外界的收購和收藏而從部落流失，造成傳承的斷層。直到 1990 年代，由於臺灣本土化運動和地方經濟政策下推展手工業的影響，賽夏工藝才再開始受到重視。

現今最具代表性的賽夏工藝，主要是織布與編籃。編與織這二種技術是過去製作日常用品普遍使用的技術，賽夏語都稱「tonon」，是指使用長條纖維交織製成物品的過程。織布是婦女專屬的工藝技術，男子通常不能碰織布用具否則會造成狩獵失敗。根據傳說，織布是外來者所教的技術，有一說是水底來的「織女」katehtel 教給賽夏婦女，另一種說法則是矮人「達隘」教賽夏人織出燦爛精美的布。二種說法雖然不同，但都強調織布技術的外來性。織紋圖案過去被認為是家族傳承的智慧和珍貴資源，如果學習其他家族的織紋，需要依織紋的難度贈送酒、糯米糕或殺豬宴請等方式致謝。賽夏織紋與泰雅族非常相似，都是以幾何圖案為主，常見紋樣包含菱形紋、○×紋、直線紋等；其中較特別的是「卍」紋，由於很少見於泰雅族和其他原住民織布，具有很高的族群區辨性，因此近年被認為是最具代表性的賽夏紋樣。許多賽夏人認為「卍」形似閃電，與傳說中的雷女「wa:en」有關，所以稱這種圖案為「wa:en」；現在「卍」紋樣不但大量運用於當代復振的賽夏織布工藝品中，其他媒材也經常將它當做獨

特的賽夏符號。

編籃是過去製作各種日常容器，如米簸、米篩、種子籃、揹籃、提籃、線籃、便當盒、食盒、置物盒、籐帽、網袋等的主要技術，材料主要用桂竹（*raromaeh*）、野生綠竹（*'ae:aew*）、黃籐或麻繩等。完成的編器表面常塗抹薯榔（*kamti'*）汁液、煙燻或塗煤灰等以防蟲蛀。編製技術過去

圖 53　蓬萊工作坊的竹籐編器作品

並沒有特別的性別禁忌，不過因為劈削竹、籐等材料需要體力，所以主要是男子製作，女子參與較少。近年來，部落內開設的工藝班，編製工藝也是另一項重要課程，不少女性參加學習，也培養出非常傑出的女性編籃工藝師，經常獲得工藝大獎。當代新製的編器工藝品，已不再僅是日常生活用品，也包括具有觀賞價值和裝飾效果的藝術品。

織布和編籃工藝復振發展至今，鄉公所和政府相關單位曾多次開設竹籐編工和織布訓練班，邀請外地工藝老師來開授課程，將中斷或衰落的技術帶回部落。二十多年來，一些

圖 54　工作坊開設的賽夏婦女編織課程

賽夏工藝師陸續在部落內設立了工坊，如蓬萊工作坊、瓦祿工作坊、阿畏工作坊、賽夏美工藝坊等。這些工坊以編、織和串珠等技術，生產儀式所需的賽夏傳統服飾或臀鈴販售給族人，也配合新的消費需求製作改良服飾、竹籟花器、花插或首飾盒等，以及賣給遊客的觀光紀念品如筆袋、零錢包、名片夾、手機袋、面紙袋、杯墊或吊飾等。目前賽夏工藝師的人數並不多，但幾位技藝精湛的織布和編籃藝師，經常獲得工藝比賽的優異名次，讓賽夏工藝受到外界的注意和欣賞。目前賽夏工藝產業的經濟效益雖然不見得穩定，但大部分工藝師都對傳統技術的持續與創新有一份特殊的使命感，也將

技術具體化的商品當作文化意象延伸的新管道。

　　另外，前面一章已經提到，對賽夏人而言最獨特而神聖的遺產是各種傳統祭儀，尤其是巴斯達隘祭典，祭典中的各種象徵物也被視為重要的文化符號。隨著臺灣社會的都市化和觀光風潮的發展，現今的巴斯達隘祭典不但是賽夏人實踐祖先傳統的行動，是在外賽夏人返鄉與親友團聚的重要民族祭典❾，也是外來觀光客喜愛的民俗觀光活動。祭典高潮時湧入的成千上萬遊客和大量外來攤商，造成儀式干擾、交通和清潔衛生等許多問題，以另類型式重現賽夏人與「他者」的矛盾情結。

　　最近幾年，國家文化政策積極推動文化遺產的指定和登錄，2005 年新修正的臺灣文化資產保存法，順應世界潮流加入了非物質遺產項目後，賽夏族巴斯達隘祭典也成為被關注的重要無形文化遺產項目。2009 年 2 月和 2010 年 1 月，賽夏南、北二群的巴斯達隘祭典，分別被苗栗和新竹地方政府提報登錄為「民俗類文化資產」。2010 年 10 月，賽夏族巴斯達隘祭典被選定為臺灣推動申請世界非物質文化遺產的十大項目之一。2013 年文化部正式將之指定為國家級民俗文化遺產，由苗栗縣賽夏族巴斯達隘文化協會和新竹縣五峰鄉賽夏族文化藝術協會共同擔任保存單位。獲得官方的登錄或指定，大部分賽夏人感到驕傲，但同時也對登錄之後可能對儀式造

---

❾　2010 年頒佈的原住民族歲時祭儀放假日辦法，公告賽夏族的巴斯達隘祭典（矮靈祭）和祈天祭為民族假日。

成影響相當不安。官方沒有登錄和推動之前，巴斯達隘祭典原本就是保存很好的祖先傳統，也是神聖的信仰祭儀。理想上，國家指定和登錄文化遺產是為了保存文化，但實際卻經常以挪用為國家特色象徵或發展地方觀光為優先考量。當自發性傳承的族群神聖信仰祭典，遭逢到世界性和國家體制推動的遺產運動風潮，究竟會是文化延續的正面動力？或是衍生出新的碰撞和競爭壓力？無疑也是未來的新課題。

綜合而言，賽夏人的生活世界雖然歷經劇烈的變動和資源競爭，但在生活慣習、工藝或儀式層面，仍然選擇一些特定的過去元素作為持續再現的文化象徵符碼。這些符碼被認定為祖先傳統「kaspengan」，是珍貴的文化遺產，呈現過去的生活智慧或獨特的技術和圖像，同時在歷史洪流中延續文化記憶和形塑認同。二十一世紀的今日，象徵賽夏文化傳承的物質或非物質符碼，跨越時空連結過去和現在，成為持續建構共同經驗的重要文化資源。甚至，隨著當代文化遺產潮流的發展，被推向更大的舞臺賦予新的意義，成為臺灣社會多元族群和文化豐富性的重要代表之一。

第七章
結語：流動中的傳承

　　如果要對賽夏族做一個簡單的歸納，必然需要先從區域歷史發展和族群文化傳承的角度考慮。從區域歷史的角度來看，這個人數極少的小族，是在不同人群混雜流動、文化接觸碰撞和國家政策介入過程中建構的族群。從清政府在臺灣設立「番界線」（土牛線）起，新竹和苗栗交界處就是「番界」穿越的區域。十八世紀至十九世紀，外來勢力陸續侵入開墾和開採山林資源，造成「番界」逐步往內山移動，迫使當地原住民不斷向內山流動遷徙；文獻檔案也經常可見當地原住民與侵入者衝突糾紛的記載。這些複雜的對外關係和矛盾的他者情結，層層堆疊為沉積的歷史經驗，並轉化為賽夏文化的核心內涵。

　　不過，「番界」雖是區隔的界線，但也是不同人群和物資交匯的前哨。長期在邊界活動的賽夏族，除了經常與外來者碰撞磨擦之外，也因為頻繁接觸他者而不斷吸納不同文化要素。各種不同時代的強勢文化或主流文化要素，層層交疊影響賽夏族的生活文化，如泰雅族的服飾和織紋、獵首和紋面習俗等；海岸平埔族的占卜巫珠或祭旗等；客家文化吃雞酒、醃菜、住屋堂號、「伯公」信仰、神龕和祖宗牌位等。更遑論

現代文化，早已透過不同媒體和傳播管道，無孔不入地穿透食、衣、住、行、娛樂等生活各層面。由於經常呈現出多元而混雜的風貌，外界很難從表象區辨究竟什麼是真正的賽夏文化。

除此之外，賽夏族的族群邊界，也無法用一般習慣依附的血緣或語言基礎界定。由於賽夏人很早就與異族通婚和收養異族小孩，與不同族群混血的比例很高，因此血緣也並非絕對關鍵的族群分界。同時，在與周邊不同族群混居的情況下，許多賽夏人早就發展出多語言溝通的能力，大部分七十歲以上的長者還能夠同時使用客家語、泰雅語或日語。國民政府來臺後，由於學校教育強力推行國語，國語成為中生代主要溝通的語言，1970 年代以後臺灣經濟轉型和工商業化發展的衝擊，大量賽夏年輕人口出外謀生並定居於都市，賽夏語言的使用情境減少，語言變遷更加快速。根據近期的調查，現今四十歲以下的賽夏年輕人能夠流利使用賽夏語的不到 20%，用賽夏語作為日常語言的家庭可能少於 14%。在外力因素影響下，語言也不再是族群界線區劃的關鍵。

基本而言，長期與不同他者交匯碰撞而動態建構的賽夏社會，具有看似矛盾的雙重文化特性：一方面善於兼容並納外來異質元素，能夠快速吸納外來資源，主動因應強勢文化和政經體制的衝擊而改變。另一方面，又具有強烈的文化危機意識，強調文化傳統而且守舊，藉著不斷具體呈現過去符碼而強化我群意識。大家熟悉的「巴斯達隘」矮靈祭，就是

化解與超越緊張對立的族群關係，進行集體溝通與文化實踐的重要機制之一。對賽夏族而言，與外族微妙而矛盾的互動關係，無疑也正是衍生危機意識和建構「我群意識」的重要動力。

不同世代的賽夏人，無論是生活型態或行動策略，都發生很大的變化和落差。今日賽夏人的生活圈，隨著交通工具和道路網絡的發展，已經與北臺灣城鎮和都市緊密連結，不少人在一天內來回臺北、桃園或臺中，工作、購物或拜訪親友。現金消費的外來商品，主導日常生活所需。流行資訊、科技媒體和國家體制等各種複雜管道，在在都影響著當代賽夏人的生活。但是，外在表象的變化之下，許多文化思維、文化價值和過去核心要素仍然運作。例如姓氏外婚的原則仍然嚴格遵守；各種生命禮儀和歲時祭典，獻祭祖先、貼草、長老會談、分豬肉和糯米糕等仍是不可或缺的傳統；一些獨特的文化要素，如賽夏姓氏、儀式器物、祭歌、工藝技術、食物、紋樣、語言等，則被凸顯為珍貴的祖先遺產，作為連結當代與過去的關鍵媒介。對於生活受到全球資本市場和國家政策影響越來越深刻的賽夏人而言，特定的過去符碼或文化象徵，成為現今區辨我群和他者差異，凝聚集體意識和形塑認同的重要資源。

總結而言，賽夏社會能夠在流動而差異雜陳的脈絡下持續建構與傳承，與其善於運用可移動的符碼或行動作為人群的黏合劑有關。賽夏人藉著一些機動性和彈性較高的媒介，

具體連結和再現過去祖先意象的一個微型場域，提供文化傳承和社會穩定的力量，接合實際生存世界的變化和挑戰。透過對賽夏族活動區域、歷史互動、社會結構和文化性質的瞭解，我們可以藉著檢視這個小型地方社會的調適發展過程，重新思考一個弱勢族群吸納外來資源和運用過去要素的意義。賽夏社會文化長期的脈動，在流動、混雜、差異和併疊中，藉由物質、身體、視覺或感官等不同媒介，塑模和傳遞集體價值觀與世界觀，淬練出獨特的文化創造力和生命力。

參考書目

不詳

    1906　矮人祭祭帽，《台灣慣習記事》6 (1)。

小川尚義、淺井惠倫

    1926　《原語による臺灣高砂族傳說集》。臺北：臺北帝國大
           學語言學研究室。

小島由道著，中央研究院民族學研究所編譯

    1998 [1917]　《「臺灣總督府臨時臺灣舊慣調查會」番族慣習
                調查報告書第三卷——賽夏族》，臺北：中央研
                究院民族學研究所。

三田裕次收藏，張炎憲編

    1988　《臺灣古文書集》，臺北：南天書局。

三台雜誌社

    1986　《賽夏族・矮靈祭》，苗栗：三台雜誌社。

不著撰人

    〈熟蕃卜合蕃〉（未出版手稿），收錄於臺灣大學圖書館藏「伊
    能文庫」「臺灣地理資料：新竹、苗栗、臺中、彰化、嘉義、
    臺南、鳳山、恆春」。

山內朔郎

    1932　《サイシヤト族の經濟生活特にその農業》，臺北帝大
           農學院。

山路勝彥、松澤員子著，黃政雄譯

2006 [1983] 《賽夏（特）族的矮人祭》，臺北：中研院民族所。

千千岩助太郎

1960 《台灣高砂族の住家》，臺北：南天書局。

土田滋

1964 Preliminary Reports on SaySiyat: Phonology，《言語研究》46: 42–52。

1989 サイシャット語，《言語學大辭典》2: 5–7，東京：三省堂。

中村孝志著，許賢瑤譯

1990 〈村落戶口調查所見的荷蘭之台灣原住民統治〉，《台灣風物》，40 卷 2 期，臺北：台灣風物雜誌社，頁 89–103。

王永馨

1997 《從生命儀禮中探討賽夏人的兩性觀》，臺北：國立臺灣大學人類學研究所碩士論文。

王凱弘

2004 〈跨越邊界：南庄蓬萊村賽夏族的第三空間展演〉，《地友》，第 60 期，臺北：師大，頁 14–15。

王雅萍

2006 〈戰後台灣賽夏族研究的回顧〉，林修澈主編，《賽夏學概論：論文選集》，苗栗：苗栗縣文化局，頁 759–770。

日婉琦

　　2003　《族群接觸與族群認同：以賽夏族 tanohila: 氏族日阿
　　　　　　拐派下為例》，臺北：政治大學民族系碩士論文。

古野清人

　　1939　〈サイシャット族の祭祀組織〉，《民族學研究》5 (3):
　　　　　　31–64。

　　1940　〈サイシャット族の推移儀禮〉，《民族學研究》6 (2):
　　　　　　19–53。

　　1945　《高砂族の祭儀生活》。東京：三省堂。

古野清人著，葉婉奇譯

　　2000　《台灣原住民的祭儀生活》，臺北：原民。

田哲益

　　2003　《賽夏族神話與傳說》，臺中：晨星。

江日昇

　　1960 [1704]　《臺灣外記》，臺北：臺灣銀行經濟研究室。

西田又二

　　1896　〈新竹縣南庄地方林況〉，《臺灣總督府民政局殖產部報
　　　　　　文》，1 (2)，東京：臺灣總督府民政局殖產部。

竹越與三郎

　　1997 [1907]　《臺灣統治志》，臺北：南天書局。

行政院原住民族委員會

　　1998　《台灣原住民生活狀況調查報告》，臺北：行政院原民
　　　　　　會。

朱鳳生

  1995   《賽夏人》，新竹：新竹縣政府。

  2000   《北賽夏族巴斯達隘祭歌譯本》，新竹：新竹縣五峰鄉
          賽夏族文化藝術協會。

  2005   《賽夏族神話故事及習俗》，新竹：新竹縣文化局。

朱鳳生、日智衡、趙山富

  2001   《以「巴斯達隘」（矮靈祭）祭典活動探索賽夏族文化
          精髓》，臺北：順益台灣原住民博物館。

伊波仁太郎

  1934   〈サイセットの神タアイに就て㈠㈡〉，《理蕃の友》3
          (6): 6、3 (8): 8–9。

伊能生（伊能嘉矩）

  1908   〈台灣土著の口碑〉，《東京人類學會雜誌》23 (264):
          219–222。

  1908   〈墾青山契字〉，《東京人類學會雜誌》23 (266): 310–
          311。

伊能嘉矩

  1898a   〈臺灣に於ける各蕃族の分佈〉，「臺灣通信」第 22
          回，《東京人類學會雜誌》146，1898/5。

  1899   〈臺灣ニ於ケル「ベイポ」族ノ概察〉，「臺灣通信」第
          28 回，《東京人類學會雜誌》154: 126–136。

  1900   《台灣蕃人事情》，臺灣日日新報社。

  1902   《臺灣志》（卷壹）、（卷貳），東京：文學社。

1904　《臺灣蕃政志》，臺北：臺灣總督府民政部殖產局。

1928　《臺灣文化志》(上)、(中)、(下)，東京：刀江書院。

伊能嘉矩、粟野傳之丞

1900　《臺灣蕃人事情》，臺北：臺灣總督府民政局文書課。

伊能嘉矩著，楊南群譯註

1996 [1897–1912]　《伊能嘉矩踏查日記》，臺北：遠流。

佚名

1906 〈南庄蕃のキラケル〉，《台灣慣習記事》6 (1): 69。

佚名

1937　〈サイセツト族パスタアイの祭の踊〉，《南方土俗》4 (3)。

安田新之十

1993 [1935]　〈サイセット族の大祭パスタアイに就いて〉，《理蕃の友》4 (2): 6–7。

李王癸

1997　《台灣南島民族的族群與遷徙》，臺北：常民。

李加耀

1997　《賽夏族傳統體能訓練與運動》，師範大學體育研究所碩士論文。

佐山融吉

1921　《蕃族慣習調查報告書，排灣族、獅設族》。臺灣總督府蕃族調查會。

1925　〈高砂族の雷神と蛇㈡〉，《人類學雜誌》40 (10): 385。

佐山融吉、大西吉壽

1923　《生蕃傳說集》，臺北：臺灣總督府蕃族調查會。

芮逸夫

1952　〈台灣土著各族劃一命名擬議〉，《大陸雜誌》5 (5)。

1953　〈本系劃一台灣土著各族中西文名稱〉，《考古人類學刊》1: 37–38。

何廷瑞

1954　〈有關泰雅族獵頭儀禮標本〉，《考古人類學刊》4: 39–41。

波越重之

1985 [1907]　《新竹廳志》，臺北：成文書局復刻。

林欣宜

1998　《樟腦產業下的地方社會與國家——以南庄地區為例》，臺灣大學歷史系碩士論文。

林祈旭 (Yawi Sayun)

2006　〈族群接觸之宗教性影響初探——以台灣原住民賽夏族民間信仰現象為例〉，《宗教與民俗醫療學報》，第四期，臺北：大元書局，頁 10–15。

林修澈

1997　《賽夏族的名制》。臺北：唐山出版社。

2000　《臺灣原住民史·賽夏族史篇》。南投：臺灣省文獻委員會。

2006　〈明治時代賽夏頭目列傳〉，林修澈主編，《賽夏學概

論: 論文選集》，苗栗: 苗栗縣文化局。

林修澈編

2004 《南庄事件與日阿拐》，苗栗: 苗栗縣文化局。

林衡立

1956 〈賽夏族矮靈祭歌詞〉，《中央研究院民族學研究所集刊》2: 31–108。

林維賢

2000 《賽夏族的產業變遷與適應: 以南庄蓬萊村賽夏族為例》。臺北: 政治大學民族學系碩士論文。

林憲德等

1994 《新竹縣五峰鄉賽夏族矮人祭場暨村民活動中心之規劃研究》，新竹縣五峰鄉鄉公所委託。

吳子光

1959 《台灣紀事》，「臺灣文獻叢刊」第 36 種，臺北: 臺灣銀行經濟研究室。

吳姝嬙

2001 《賽夏族民間故事研究》。中國文化大學中國文學研究所碩士論文。

吳東南

1978 〈從口傳資料與文獻記載來看平埔道卡斯與賽夏族之關係〉，《民族學研究所資料彙編》，第一期，臺北: 中研院民族所，頁 135–141。

吳密察主編

1995 《國立臺灣大學藏伊能文庫目錄，臺灣史檔案、文書目錄(三)》，臺北：國立臺灣大學。

吳善祖

1987 〈清代「淡新檔案」——臺大圖書館的新特藏〉，《中國圖書館學會會報》，第 40 期，1987 年 6 月。

吳學明

1986 《金廣福墾隘與新竹東南山區的開發 (1834–1985)》，臺北：師大歷史研究所專刊 14 號。

2000 《金廣福大隘研究》（上下冊），新竹：新竹縣立文化中心。

施添福

1990 〈清代臺灣竹塹地區的土牛溝和區域發展〉，《臺灣風物》40.4: 1–68。

1991 〈紅線與藍線：清乾隆中葉臺灣番界圖〉，《臺灣史田野研究通訊》19: 46–50。

2001 《清代台灣的地域社會：竹塹地區的歷史地理研究》，新竹縣文化局。

胡台麗

1995 〈賽夏矮人祭歌舞祭儀的「疊影」現象〉，《中央研究院民族學研究所集刊》79: 1–61。

1998 〈文化真實與展演：賽夏、排灣經驗〉，《中央研究院民族學研究所集刊》84: 61–86。

胡台麗、謝俊逢

1993 〈五峰賽夏族矮人祭歌的詞與譜〉,《中央研究院民族學研究所資料彙編》8: 1–77。

胡家瑜

1996 《賽夏族的物質文化：傳統與變遷》。臺北：內政部。

2000 〈器物、視覺溝通與社會記憶——賽夏儀式器物初探〉,《臺大考古人類學刊》55: 113–141。

2004 〈賽夏儀式食物與 *Tatini'*（先靈）記憶——從文化意象和感官經驗的關連談起〉,收錄於黃應貴,《物與物質文化》,中央研究院民族學研究所,頁 171–209。

胡家瑜、林欣宜

2003 〈南庄地區開發與賽夏族群邊界的再檢視〉,《臺大文史哲學報》59: 177–214。

宮本延人著,宋燁譯

1954 〈泰雅族的胸部刺黥〉,《公論報》臺灣風土版 159。

高拱乾

1960 《台灣府志》,臺北：臺灣銀行經濟研究室。

高清菊

2009 《賽夏語詞彙的結構與語義研究》,新竹教育大學語言與語文教育研究所。

莊英章、陳運棟

1989 〈族群關係與清代中港溪流域內山的開發〉,臺北：中研院民族所,「族群關係與區域發展」研討會論文。

唐美君

1955　〈苗栗縣南庄鄉東河村賽夏族矮人祭參觀記〉,《主義與國策》44。

柳本通義

1897　《柳本技師前往新竹、臺中兩縣轄內出差覆命書》,臺大圖書館特藏資料 V04519/A004,彙編 (K04): 1186。

盛清沂

1980　〈新竹、桃園、苗栗三縣地區開闢史（上）〉,《臺灣文獻》31 (4): 154–176。

1981　〈新竹、桃園、苗栗三縣地區開闢史（下）〉,《臺灣文獻》32 (1): 136–157。

移川子之藏、宮本延人、馬淵東一

1935　《臺灣高砂族系統所屬の研究》,東京：刀江書院。

陳文玲

1998　《台灣先住民族サイシャット（賽夏族）のエスニック・バウンダリに關する考察》。東京都立大學大學院社會學研究科碩士論文。

陳春欽

1966　〈向天湖賽夏族的故事〉,《中央研究院民族學研究所集刊》21: 157–191。

1967　〈東河村賽夏族之人口與家庭〉,《中央研究院民族學研究所集刊》23: 141–165。

1968　〈賽夏族的宗教及其功能〉,《中央研究院民族學研究所集刊》26: 83–119。

陳淑萍

1998 《南賽夏族的領域歸屬意識》，師範大學地理研究所碩士論文。

陳朝龍著，林文龍點校

1999 [1894] 《新竹縣采訪冊》（合校足本），南投：臺灣省文獻委員會，臺灣歷史文獻叢刊。

陳運棟

1987 〈黃祈英事蹟探討〉，《臺灣史研究史料發掘研討會論文集》，高雄：中華民國臺灣史蹟研究中心研究組。

1993 〈桃竹苗地區早期族群關係與開發初探〉，《苗栗文獻》第八期，苗栗：苗栗縣文化局，頁90–121。

陳運棟、張瑞恭

1994 《賽夏史話：矮靈祭》，桃園：華夏書坊。

森丑之助

1917 《臺灣蕃族志（第一卷）》，臺北：臺灣總督府臨時臺灣舊慣調查會。

黃叔璥

1957 [1736] 《臺海使槎錄》，臺北：臺灣銀行。

黃榮洛

1997 〈賽夏族的紋身來歷〉，《臺灣風物》47 (3): 169–171。

黃煉石著，伊能嘉矩抄錄

〈奉查南庄開闢緣由序〉（未出版手稿），收錄於臺灣大學圖書館藏「伊能文庫」「臺灣地理資料：新竹、苗栗、臺中、彰化、

嘉義、臺南、鳳山、恆春」T0021/58。

黃應貴

　　1995　〈導論〉,《空間、力與社會》,臺北:中央研究院民族
　　　　　學研究所,頁 3–43。

楊希枚

　　1956　〈台灣賽夏族的個人名制〉,《中研院民族所集刊》3:
　　　　　331–337。

張致遠文化工作室

　　1997　《賽夏文化彙編——傳統與變遷》,苗栗:文化中心。

張瑞恭

　　1988　《賽夏族社會文化變遷的研究:紙湖、向天湖社群的探
　　　　　討》。中國文化大學民族與華僑研究所碩士論文。

楊淑媛

　　1990　〈泰雅族 sumato 與賽夏矮 pit'aza' 比較〉,《人類與文化》
　　　　　26: 21–30。

趙正貴

　　2005　〈賽夏族 (SaySiyat) 的婚姻習俗〉,《新竹文獻》,第十九
　　　　　期,新竹:文化局,頁 131–135。

　　2009　〈賽夏族的歷史文化——傳統與變遷〉,《新竹文獻》,
　　　　　新竹:新竹縣文化局。

趙福民

　　1987　《賽夏族矮靈祭之研究》,臺北:中國文化大學民族與
　　　　　華僑研究所碩士論文。

趙榮琅

　1954　〈苗栗縣南庄鄉東河村賽夏族語言學調查簡報〉,《臺灣大學考古人類學刊》4。

臺北帝大理農學部

　1933　《サイセット族姓の分布に關する調查綴（稿本）》,臺北：臺北帝國大學。

臺灣大學地理資源學系

　2002　《原住民族傳統土地與傳統領域調查研究》,國立臺灣大學地理資源學系。

臺灣省文獻委員會

　1989　〈民俗（賽夏族婚喪習俗）座談會紀錄〉,《臺灣文獻》40 (1)。

臺灣銀行經濟研究室編

　1959　《臺案彙錄甲集》,臺北：臺灣銀行,臺灣文獻叢刊第31種。

　1963　《清代臺灣大租調查書》,臺北：臺灣銀行,臺灣文獻叢刊第152種。

　1964　《清宣宗實錄選輯》,臺北：臺灣銀行,臺灣文獻叢刊第188種。

臺灣總督府民政部警察本署

　1915　《番社戶口》,臺灣總督府民政部。

臺灣總督府警察本署編,陳金田譯

　1997 [1918]　《日據時期原住民行政誌稿第一卷（原名：理番

誌稿)》，南投：省文獻會。

增田福太郎

1937　〈サイシャット族の婚姻制〉，《台法月報》31 (6): 20–17。

1942　《南方民族の婚姻：高砂族の婚姻研究》，東京：ダイヤモソ社。

鄭金德

1967　〈賽夏族矮靈祭〉，《邊政學報》6: 41–45。

鄭依憶

1987　《賽夏族歲時祭儀與社會群體間的關係初探：以向天湖部落為例》。臺大人類學研究所碩士論文。

1989　〈血緣、地緣與儀式：向天湖賽夏族三儀式之探討〉，《中研院民族所集刊》67: 109–142。

2004　《儀式、社會與族群：向天湖賽夏族的兩個研究》，臺北：允晨文化。

2008　〈文化創造與賽夏的生活世界〉，「文化創造與社會實踐研討會」會議論文，臺北：中央研究院民族學研究所主辦，2008 年 11 月 7 日至 9 日，未出版。

鄭發育、林憲等

1958　〈賽夏族性格之研究──用羅爾夏測驗法〉，《民報》2。

潘秋榮

1998　《賽夏族祈天祭的研究》，政治大學民族學研究所碩士論文。

2000   《小米‧貝珠‧雷女：賽夏族祈天祭》，臺北縣文化局。

劉克襄

1989   《橫越福爾摩沙》，臺北：自立晚報社。

賴盈秀

2004   《誰是賽夏族？——一個族群的形成、識別與認同》，
　　　　臺北：向日葵。

衛惠林

1956   〈賽夏族的氏族組織與地域社會〉，《臺灣文獻》7 (3/4):
　　　　1–6。

1964   《台灣省通誌稿卷八——同胄志（賽夏族）》，臺中：臺
　　　　灣省文獻會，頁 139–159。

賽夏族鄉土教材編輯小組

1995   《賽夏族教學手冊（試用本）》第一冊——國民小學原
　　　　住民鄉土文化教材。

賽夏母語教材編輯小組

1995   《賽夏語讀本》第一冊——新竹縣鄉土教材語言篇。

簡鴻模

2003   〈台灣原住民祭典中的神聖現象——以賽夏族矮靈祭
　　　　為例〉，《輔仁宗教研究》，第八期，臺北：輔仁大學宗
　　　　教學系，頁 129–162。

2004   〈五峰天主堂北賽夏傳教史初探 (1955–1970)〉，《輔仁
　　　　學誌：法管理學院之部》，第卅八期，臺北：輔仁大學，
　　　　頁 43–78。

2006　《矮靈、龍神與基督——賽夏族當代宗教研究》,南投:
　　　國史館臺灣文獻館。

錢漢昌
1997　〈鵝公髻山訪查記〉,《臺灣風物》47 (2): 159–163。

謝世忠編
2002　《臺灣原住民影像民族史:賽夏族》,臺北:南天書局。

劉斌雄、胡台麗
1987　《臺灣土著祭儀及歌舞民俗活動之研究——賽夏族
　　　篇》,中研院民族所報告,南投:臺灣省政府山胞行政
　　　局。

劉銘傳
1958　《劉壯肅公奏議》,臺北:臺灣銀行,臺灣研究叢刊第
　　　27 種。

羅大春
1972 [1874–1875]　《臺灣海防並開山日記》,臺北:臺灣銀
　　　　　　　　　行,臺灣研究叢刊第 308 種。

鷹取田一郎
1916　《臺灣烈紳傳》,臺北:臺灣總督府。

藤崎濟之助
1931　《台灣の蕃族》,東京:國史刊行會。

Bax, Bonham Ward
1875　*The Eastern Seas: Being a Narrative of the Voyage of
　　　H.M.S. 'Dwarf' in China, Japan and Formosa*, London:

Ganesha Publishing.

Cosgrove, D.

    1984   *Social Formation and Symbolic Landscape,* London: Croom Hlem.

    2006   "Modernity, Community and the Landscape Idea," *Journal of Material Culture* 11 (12): 49–66.

Lambek, Michael

    2002   *The Weight of the Past: Living with History in, Madagascar,* New York: Macmillan.

Mackay, G. L.

    1972   *From Far Formosa,* Taipei: Ch'eng Wen Publishing Company.

Bureau of Aboriginal Affairs

    1911   *Report on the Control of the Aborigines in Formosa*, Taihoku, Formosa: Bureau of Aboriginal Affairs.

Comaroff, John & Jean Comaroff

    1992   *Ethnography and the Historical Imagination,,* Westview.

Hoskins, Janet

    1993   *The Play of Time: Kodi Perspectives on Calendars, History, and Exchange.* Berkeley, Los Angeles & London: Univ. of California Press.

Levi-Strauss, C.

    1963   *Structural Anthropology.* Translated by J. Russell, New

York: Atheneum.

Sahlins, Marshall

    1985 *Islands of History,* Chicago & London: University of Chicago Press.

Suenari, Michio

    1994 "Sinicization and Descent Systems-The Introduction of Ancestral Tables among the Puyuma and SaySiyat in Taiwan," Li Paul Jen-Kuei (et al. eds.), *Austronesian Studies Relating to Taiwan*, pp. 141–159.

原住民叢書

雅美族 泰雅族 鄒族 卑南族 布農族
排灣族 賽夏族 阿美族 魯凱族

臺灣歷史舞臺最初的主角,獨特的生活
方式和文化習俗使他們與眾不同……

● 雅美族　　　　　余光弘　著

雅美族,也有人說應該叫「達悟
族」,是一群居住在蘭嶼,與世無爭
的民族,在碧海藍天中追逐著飛魚。
想知道雅美族到了飛魚季有哪些事情
要忙嗎?想知道雅美族為什麼如此敬
畏鬼神嗎?想知道為什麼去人家家裡
拜訪一定要帶芋頭,同樣也一定可以
拿到芋頭當回禮的原因嗎?那你絕對
不能錯過。